ŒUVRES COMPLÈTES

EUGÈNE SUE.

MATHILDE

5

PARIS

CHARLES GOSSELIN,   PÉTION, ÉDITEUR,
30, rue Jacob.   11, rue du Jardinet.

MDCCCXLV

ŒUVRES COMPLÈTES

DE

EUGÈNE SUE.

MATHILDE.

OUVRAGES DU MÊME AUTEUR.

Le Juif errant.	10 vol. in-8.
Les Mystères de Paris.	10 vol. in-8.
Mathilde.	6 vol. in-8.
Deux Histoires.	2 vol. in-8.
Le marquis de Létorière.	1 vol. in-8.
Beleytar.	2 vol. in-8.
Jean Cavalier.	4 vol. in-8.
Le Morne au Diable.	2 vol. in-8.
Thérèse Dunoyer.	2 vol. in-8.
Latréaumont.	2 vol. in-8.
La Vigie de Koat-Ven.	4 vol. in-8.
Paula-Monti.	2 vol. in-8.
Le Commandeur de Malte.	2 vol. in-8.
Plick et Plock.	1 vol. in-8.
Atar-Gull.	2 vol. in-8.
Arthur.	4 vol. in-8.
La Coucaratcha.	3 vol. in-8.
La Salamandre.	2 vol. in-3.
Histoire de la Marine (*gravures*).	4 vol. in-8.

Sceaux. — Impr. de E. Dépée.

MATHILDE

MÉMOIRES D'UNE JEUNE FEMME

Par EUGÈNE SUE.

TOME CINQUIÈME.

PARIS,

CHARLES GOSSELIN, | PÉTION, ÉDITEUR,
Éditeur de la Bibliothèque d'élite, | Libraire-Commissionnaire,
30, RUE JACOB. | 11, RUE DU JARDINET.

1845

MATHILDE.

QUATRIÈME PARTIE.

CHAPITRE PREMIER.

LA LETTRE.

J'aborde avec défiance le récit de cette nouvelle période de ma vie.

En retraçant les événements qui se sont succédé depuis mon enfance jusqu'à mon mariage, et depuis mon mariage jusqu'au moment où M. de Lancry m'abandonna si cruellement pour aller rejoindre Ursule à Paris, je pouvais me confier sans crainte à tous mes souvenirs, à toutes les impressions qu'ils réveillaient : je n'avais rien à me taire, rien à me déguiser à moi-même : la sincérité m'était facile.

Je n'avais à me reprocher que l'exagération de quelques généreuses qualités ; je l'avais dit à M. de Lancry, je reconnaissais moi-même que mes douleurs passées ne pouvaient me gagner aucune sympathie, en admettant que le monde les eût connues, car j'avais manqué d'énergie, de dignité dans ma conduite avec lui.

Je m'étais toujours aveuglément soumise, lâchement résignée, je n'avais su que pleurer, que souffrir... et la souffrance n'est pas plus une vertu que les larmes ne sont un langage.

Souffrir pour une noble cause, cela est grand et beau. Humblement endurer le mépris et les outrages d'un être indigne, c'est une honteuse faiblesse qui excitera peut-être une froide pitié, jamais un touchant intérêt.

Cette découverte fut pour moi une terrible leçon : je reconnus qu'après tant de maux, j'avais à peine le droit d'être plainte ; la réflexion, l'expérience me prouvèrent qu'au point de vue du monde ou plutôt du plus grand nombre des hommes, Ursule, avec ses vices et avec ses provocantes séductions, devait plaire peut-être, tandis que moi je ne pouvais prétendre qu'à une pâle estime ou à une compassion dédaigneuse. Du moins j'avais la consolante conviction de n'avoir jamais failli à mes devoirs ; je puisais dans ce sentiment une sorte de dédain amer dont je flétrissais à mon tour le jugement du monde et l'égarement de mon mari.

. . . .

Je ne saurais dire mon découragement, ma stupeur, lorsqu'après ma longue maladie je me trouvai seule, pleurant mon enfant mort avant de naître.

La fin tragique de M. de Mortagne, mon unique soutien, rendait mon isolement plus pénible encore.

Tant que dura l'hiver, je souffris avec une morne résignation ; mais, au printemps, la vue des premiers beaux jours, des premières fleurs, me causa des ressentiments pleins d'amertume : le sombre hiver était au moins d'accord avec ma désolation ; mais lorsque la nature m'apparut dans toute la splendeur de sa renaissance, mais lorsque tout recommença à vivre, à aimer, mais lorsque je sentis l'air tiède, embaumé des premières floraisons, mais lorsque j'entendis les joyeux cris des oiseaux au milieu des feuilles, mon desespoir augmenta.

L'aspect de la nature, paisible et riante, m'était odieux; je sentais la faculté d'aimer et d'être heureuse complètement morte en moi...

A quoi me servaient les beaux jours remplis de chaleur, de soleil et d'azur?... à quoi me servaient les belles nuits étoilées, remplies de fraîcheur, de parfums et de mystères?

J'étais souvent en proie à des accès de désespoir affreux et de rage impuissante, en songeant que, si mon enfant eût vécu, ma vie eût été plus belle que jamais, car j'avais entrevu des trésors de consolations dans l'amour maternel. Si méprisante, si cruelle, si indigne que la conduite de M. de Lancry eût été pour moi, elle n'aurait pu m'atteindre dans la sphère d'adorables félicités où je me serais réfugiée.

Alors je compris combien était horrible notre position, à nous autres femmes qui ne pouvons remplacer la vie du cœur par la vie d'action.

Par une injustice étrange, mille compensations sont offertes aux hommes qui ont à souffrir passagèrement d'une peine de cœur, eux dont les facultés aimantes sont bien moins développées que les nôtres, car on l'a dit cent fois — ce qui est toute notre existence est une distraction pour eux.

Malgré les odieux procédés de mon mari envers moi, je ne comprenais pas que la trahison pût autoriser ni excuser la trahison. Je pensais ainsi non par respect pour M. de Lancry, mais par respect pour moi.

Je sentais qu'au point de vue du monde, j'aurais peut-être eu tous les droits possibles à chercher des dédommagements dans un amour coupable; mais lors même que rien ne m'eût paru plus vulgaire, plus dégradant que cette sorte de vengeance, je croyais la source de toute affection tendre absolument tarie en moi.

J'étais quelquefois effrayée des mouvements de haine, de méchanceté qui m'agitaient. Le souvenir d'Ursule me faisait horreur, parfois il soulevait dans mon âme de folles ardeurs de vengeance...

Encore une de ces bizarreries fatales de notre condition! Un homme peut assouvir sa fureur sur son ennemi, le provoquer, le tuer à la face de tous, et se faire ainsi une terrible justice... Une femme outragée par une autre femme, frappée par elle dans ce qu'elle a de plus cher, de plus sacré, ne peut que dévorer ses larmes!

Chose étrange! encore une fois, nous qui souffrons tant par l'amour, nous ne pouvons nous venger d'une manière digne et éclatante! Nous pouvons nous venger par le mépris, dira-t-on. Le mépris!.... que pouvait faire mon mépris à Ursule, qui avait déjà toute honte bue!

A ces violents ressentiments succédait une morne indifférence, ma vie se passait ainsi.

La prière, le soin de mes pauvres ne m'apportaient, je l'avoue en rougissant, que des soulagements passagers; le bien que je faisais satisfaisait mon cœur, ne le remplissait pas.

Plusieurs fois ma pauvre Blondeau me conseilla de changer de résidence, de voyager, je n'en avais ni le désir, ni la force; tout ce qui m'entourait me rappelait les souvenirs les plus amers, les plus douloureux, et pourtant je restais à Maran, abattue, énervée.

Les jours, les mois se passaient ainsi dans

une sorte d'engourdissement de la pensée et de la volonté.

Je menais la vie d'une recluse; tous les gens de M. de Lancry l'avaient été rejoindre : ma maison se composait de Blondeau, de deux femmes et d'un vieux valet de chambre qui avait été au service de M. de Mortagne.

Je marchais beaucoup afin de me briser par la fatigue; en rentrant, je me mettais machinalement à quelque ouvrage de tapisserie : il m'était impossible de m'occuper de musique; j'avais une telle excitation nerveuse que le son du piano me causait des tressaillements douloureux, et me faisait fondre en larmes

Madame de Richeville m'écrivait souvent. Lorsqu'elle avait vu mon mari arriver à Paris pour y rejoindre Ursule, elle m'avait proposé de venir me chercher à Maran, quoiqu'il lui en coutât de se séparer d'Emma et de la laisser au Sacré-Cœur, où elle terminait son éducation; j'avais remercié cette excellente amie de son offre, en la suppliant de ne pas quitter sa fille et aussi de ne jamais à l'avenir me parler de M. de Lancry et d'Ursule : je voulais absolument ignorer leur conduite.

Les lettres de madame de Richeville étaient remplies de tendresse, de bonté. Respectant, comprenant mon chagrin, elle m'engageait néanmoins à venir la trouver à Paris, mais alors j'avais une répugnance invincible à rentrer dans le monde.

Je savais par mes gens d'affaires que M. de Lancry me ruinait : il avait un plein pouvoir de moi, nous étions mariés en communauté de biens; il pouvait donc légalement et impunément dissiper toute ma fortune.

J'avoue que ces questions d'intérêt me laissaient assez indifférente, la pension qu'il me faisait suffisait à mes besoins; d'ailleurs madame de Richeville, m'avait écrit que M. de Mortagne, surpris par la mort, n'avait pu aviser aux moyens de mettre tous les biens qu'il me laissait à l'abri de la dissipation de mon mari, mais qu'il lui avait remis, à elle, madame de Richeville, une somme considérable, destinée à assurer mon avenir et celui de mon enfant dans le cas où M. de Lancry m'eût complètement ruinée. Hélas, cet enfant n'était plus... que m'importait l'avenir !

Plus de deux années se passèrent ainsi, avec

cette rapidité monotone particulière aux habitudes uniformes.

Au bout de ce temps, je ne souffrais plus ; je ne ressentais rien, ni joie ni douleur. Peut-être serais-je restée longtemps encore dans cette apathie, dans cette somnolence de tous les sentiments, si la lettre suivante de madame de Richeville ne m'eût pas démontré l'absolue nécessité de mon retour à Paris.

Paris, 20 octobre 1834.

« Je suis obligée, ma chère Mathilde, malgré vos recommandations contraires, de vous parler de M. de Lancry. Hier un homme de mes amis a appris, par le plus grand hasard, que votre mari s'occupait de vendre votre terre de Maran ; la personne qui voulait l'acquérir s'en tenait, je crois, à vingt ou trente mille francs. Je sais combien vous êtes attachée à cette propriété, parce qu'elle a appartenu à votre mère, et peut-être aussi parce que vous y avez beaucoup souffert ; j'ai donc cru bien agir, après avoir consulté M. de Rochegune, qui est arrivé ici depuis un mois, en envoyant mon homme d'affaires proposer à M. de Lancry, qui ne le connaît pas, d'acheter Maran à un prix supérieur à celui qu'on lui en offre : votre mari a accepté, le contrat de vente est dressé, mais votre présence à Paris est indispensable.

« Votre contrat de mariage est tel que vous ne pouvez posséder rien en propre. Il faut donc beaucoup de formalités pour vous assurer néanmoins cette acquisition sous un nom supposé, et la soustraire ainsi aux prodigalités de votre mari; dans le cas où ces arrangements vous conviendraient, vous placeriez très avantageusement la somme que M. de Mortagne a déposée entre mes mains lors de cette nuit à jamais fatale...

« Pardonnez ces ennuyeux détails d'affaires, ma chère enfant, mais vous comprenez, n'est-ce pas? de quelle importance tout ceci est pour vous. Et je suis heureuse du hasard qui m'a mise à même de vous épargner un chagrin et des regrets nouveaux.

« Un voyage à Paris est donc indispensable ; il vous retirera peut-être de l'accablement dans lequel vous êtes plongée. Pauvre enfant! vos lettres me désespèrent. Votre chagrin sera-t-il donc incurable? faut-il vous abandonner ainsi à une désolante inertie... Les consolations de l'amitié ne sont-elles rien pour vous? Pourquoi vous isoler opiniâtrement dans vos sombres pensées?

Mieux que personne je comprends votre éloignement du monde, mais n'est-il pas un milieu entre une retraite absolue et le tourbillon des fêtes? Je n'ose vous parler de mon bonheur, et vous citer ma vie comme un exemple à l'appui du goût que je voudrais vous donner pour une existence doucement partagée entre quelques amitiés sincères... Mon Emma est près de moi, vous me diriez avec raison que toutes les conditions doivent me paraître heureuses.

« Il me semble pourtant que la solitude dans laquelle vous vivez ne peut qu'aigrir votre noble cœur, s'il pouvait jamais perdre ses qualités angéliques ; aussi, je vous le dis encore, venez, venez parmi nous.

« Depuis que l'éducation d'Emma est terminée et que j'ai quitté le Sacré-Cœur, je me suis créé une intimité charmante de femmes un peu plus âgées que moi ; car je me suis mise à être très franchement *vieille femme*, ce qui a désarmé celles qui pouvaient me supposer encore quelques prétentions. Je reste chez moi tous les soirs, et il me faut être vraiment inflexible pour ne pas voir mon petit salon envahi ; on y parle souvent de vous : la conduite de votre mari est si scandaleuse, cette *horrible femme* est si effrontée, votre résignation est si digne, si courageuse, qu'il n'y a qu'une voix pour vous plaindre et pour vous admirer.

« La révolution a bouleversé, scindé la société ; il n'y a plus, pour ainsi dire, que de petits cercles, aucune grande maison n'est ouverte : c'est moins par bouderie contre le gouvernement, dont on s'inquiète assez peu, que par impossibilité de réunir ces fractions diverses.

« Sous la Restauration, la *cour*, ses devoirs, ses relations, ses ambitions, ses intrigues étaient les liens qui rendaient notre monde homogène ; maintenant rien n'oblige, chacun s'isole selon son goût, ses penchants, et les coteries se forment. Les ambassades de Sardaigne et d'Autriche sont les seuls centres où se réunissent encore ces fragments épars de notre ancienne société.

« Ne vous étonnez pas, chère enfant, de me voir entrer dans ces détails, en apparence puérils, à propos de la grave détermination que je sollicite de vous.

« Si le monde était ce qu'il était il y a quatre ans, s'il y avait une *cour*, je concevrais votre répugnance à y rentrer. Les femmes de votre caractère rougissent pour ceux qui les outragent, la honteuse conduite de M. de Lancry vous eût fait un devoir de la retraite : ainsi que vous me l'avez vous-même écrit,

« Une femme souffre de l'abandon de son
« mari ou elle n'en souffre pas ; dans ces deux
« alternatives, il lui convient aussi peu d'ex-
« poser, aux yeux de tous, son indifférence
« et son chagrin. » Mais, encore une fois, ma chère enfant, je ne vous propose pas d'*aller dans le monde :* c'est à peine si ma société habituelle, où l'on voudrait tant vous voir, se compose de quinze à vingt personnes, et presque toutes sont de mes parents ou de mes alliés.

« Tenez... je veux vous en faire connaître quelques-unes, ce sera mon dernier argument en faveur de votre venue.

« Vous rencontrerez, presque chaque soir, l'excellent prince d'Héricourt et sa femme. Tous deux, à force de grandeur et de bonté, se sont fait *pardonner* une longue vie de bonheur et de tendresse, que le plus léger nuage n'a jamais obscurcie. La première révolution les avait ruinés; la dernière les a privés de leurs dignités, qui étaient toute leur fortune : redevenus pauvres, ils ont accepté ce malheur avec tant de noblesse, tant de courage, qu'ils ont fait respecter leur infortune comme ils avaient fait respecter leur félicité.

« Je vous assure, Mathilde, que la vue de ces deux vieillards, d'une sérénité si douce, vous calmerait, vous ferait du bien, vous donnerait le courage de supporter plus fermement votre chagrin.

« Il y a deux jours je suis allée voir la princesse, le matin. Elle et son mari occupent une petite maison près de la barrière de Monceaux; la solitude de ce quartier, la jouissance d'un joli jardin, et surtout la modicité du prix les ont fixés là. Je ne saurais vous dire avec quelle vénération je suis entrée dans cette modeste demeure.

« Rien de plus simple que l'arrangement de ces petites pièces ; mais de vieux et illustres portraits de famille, quelques présents royaux, faits au prince pendant ses ambassades extraordinaires, imprimaient à cette habitation un caractère de grandeur noblement déchue qui me fit venir les larmes aux yeux.

« Je songeais avec amertume que le prince et la princesse, habitués à une grande existence, souffraient peut-être des privations terribles à leur âge ; pourtant, de leur part, jamais une plainte, jamais une parole amère contre le sort.

« Je ne pouvais m'empêcher d'en témoigner mon admiration à la princesse ; elle me répondit avec une simplicité sublime.

« Ma chère Amélie, le secret de ce que
« vous appelez notre courageuse résignation
« est bien simple. Nous pensons que mon
« mari et moi nous aurions pu être séparés
« dans ces jours d'épreuve ; nous songeons
« surtout à notre pauvre vieux roi et à ses
« enfants, et nous remercions Dieu de nous
« avoir épargné tant de chagrins dont il aurait
« pu nous éprouver. »

« Mathilde, je sais combien vous méritez d'intérêt, de sympathie ; je ne vous dirai pas de comparer vos affreux chagrins à ceux-là et d'imiter ce courage stoïque, mais je vous dirai encore : Venez, venez auprès de nous. C'est presque une consolation que d'avoir à aimer de pareils gens ; et puis enfin, dites, ma pauvre enfant, lorsqu'après vos journées de solitude désolée vous cherchez le sommeil, quel souvenir consolant pouvez-vous évoquer ? Aucun. Si, au contraire, vous aviez eu sous les yeux une scène aussi touchante que celle que je viens de vous raconter, est-ce que vous ne vous sentiriez pas moins malheureuse ? Pourquoi n'en serait-il pas des maladies de l'âme comme de celles du corps ; si un air pur et salubre peut redonner la vie, pourquoi une âme blessée ne se retremperait-elle pas dans une atmosphère de sentiments élevés et généreux ?

« Je sais que vous êtes bonne, bienfaisante ; mais, par cela même que vous êtes modeste, vous ne vous appesantissez pas sur le bien que vous faites, et la charité n'est pas un adoucissement à vos chagrins.

« Encore une fois, venez avec nous, nous vous distrairons, car vous trouverez aussi chez moi cette aimable et spirituelle comtesse A. de Semur, ma cousine, esprit fin, souple, brillant, et surtout impitoyable à tout ce qui est bas, lâche ou traître. Elle aime, dit-on, le paradoxe à l'excès; savez-vous pourquoi? pour pouvoir exalter ce qu'il y a de généreux et d'élevé dans toutes les opinions, mais aussi pour pouvoir immoler sans pitié tout ce ce qu'elle y trouve de ridicule ou de méchant!

« Vous souvenez-vous, lors de votre première entrée dans le monde à un bal du matin chez madame l'ambassadrice d'Autriche, d'avoir remarqué une étrangère d'une incomparable beauté, lady Flora Fitz-Allan? Elle ne vous a pas oubliée, elle. Je la vois aussi beaucoup; elle me parle sans cesse de vous. Ce jour-là elle admirait encore l'expression candidement étonnée de votre ravissante figure, lorsqu'on vint lui dire que vous aviez l'esprit le plus caustique et le plus méchant du monde (c'était, vous me l'avez dit depuis, une des premières calomnies de mademoiselle de Maran).

Lady Flora resta stupéfaite d'étonnement, presque de crainte — me dit-elle — en songeant avec chagrin qu'un aussi naïf et aussi délicieux visage que le vôtre pût servir de masque à tant de méchanceté. Vous pensez bien que je l'ai vite désabusée. Elle m'a remerciée avec effusion; il lui eût été douloureux de penser que la candeur, que la beauté des traits pouvaient être si trompeuses. Vous serez folle de lady Flora. Quant à lord Fitz-Allan c'est le type accompli du grand seigneur anglais, c'est la loyauté dans la dignité.

« Vous avez dû rencontrer quelquefois la marquise de Sérigny et sa fille la duchesse de Grandval. Sinon, pour les connaître imaginez-vous la grâce la plus parfaite jointe à une exquise distinction de manières et à une élégance pour ainsi dire native; car, dans cette maison, le charme, le bon goût et la dignité semblent l'apanage héréditaire des femmes : c'est leur loi salique, à elles.

« En hommes, vous verrez souvent chez moi M. l'ambassadeur de ***, l'un de mes bons et anciens amis, homme de grand cœur, de rare courage, d'excellent sens et de haute raison, qui a fait vaillamment la guerre et qui est simple et bon, parce qu'il est brave et énergique. Je vous prie de croire, ma chère enfant, que je ne vois pas absolument que des gens graves, vous savez combien j'aime les contrastes ; aussi je vous promets la *fleur des pois* de ce temps-ci, un de mes neveux Gaston de Senneville : il est impossible d'être plus joli, plus gracieux, plus parfaitement élevé et pourtant plus *inoffensif*, pour ne pas dire plus insignifiant. C'est un de ces charmants jeunes gens qui marchent en tête des adorateurs d'une femme à la mode, comme les chefs de chœur des tragédies antiques : aussi, moi qui ne suis plus femme à la mode, je m'étonnais de le voir si souvent chez moi ; il m'a avoué qu'il m'aimait comme la meilleure parente du monde d'abord, et puis que ses habitudes chez moi lui donnaient une consistance un *reflet sérieux* que son âge ne lui permettait pas d'espérer et qui lui faisait grand bien. Il a d'ailleurs le bon esprit de n'être nullement exclusif, et de montrer partout sa jolie figure et ses excellentes façons. Il va sans dire qu'il voit ce qu'on appelle la *nouvelle cour* : c'est lui qui nous tient au courant de tout ce qui se passe dans cette société-là, où il y a, dit-il, quelques femmes charmantes, quoique assez étrangement élevées, et des hommes généralement inconcevables. Ces cailletages nous amusent beaucoup, et puis il est toujours bon que chaque maison ait quelqu'un des siens qui *sacrifie* au pouvoir du moment ; on ne sait pas ce qui peut arriver : c'est un de nos principes de toujours tenir par un lien quelconque à ce qui est le gouvernement du jour.

« Mais, voyez un peu, je m'appesantis sur de pareils *accessoires*, et je ne vous parle pas longuement d'un de nos meilleurs amis qui est presque l'âme de mes réunions. Je vous ai dit en courant que M. de Rochegune était de retour, sans plus vous donner de détails ; je veux réparer cette omission. Je ne l'aurais jamais reconnu, tant le soleil d'Orient l'a hâlé. Après avoir combattu avec les Grecs contre les Turcs, il s'en est allé en curieux faire la guerre aux Circassiens avec les Russes. Il est impossible de conter avec plus de charme toutes ces campagnes vraiment merveilleuses. Il a acquis ce qui lui manquait à mon avis, c'est une assurance, une fermeté, un entrain qui relèvent à sa vraie hauteur son caractère que je trouvais trop beau pour être si timide et si réservé. Cet entrain, comme vous le pensez, a été bien douloureusement comprimé par la nouvelle de la mort funeste de M. de Mortagne. Nous causons souvent de cet excellent ami. M. de Rochegune a pour vous un intérêt profond, sincère. Tout le monde l'aime pour sa bonté, pour son esprit et pour sa loyauté chevaleresque. C'est vraiment un homme d'un courage moral extraordinaire ; aucune considération n'arrête sa franchise, il dit et ose ce que personne ne dit et n'ose. La comtesse A. de Semur dit de lui avec beaucoup de justesse : *Il est impossible d'être plus effrontément honnête homme.* Il parle souvent à la chambre des pairs, sa parole incisive et âpre ne ménage ni amis ni ennemis lorsqu'il défend contre eux un des grands principes qu'il met au-dessus des hommes et des choses. Quoique jeune, on compte fort avec lui ; car son influence égale son indépendance.

« Voici ma tâche à peu près remplie, ma chère Mathilde. J'ai essayé de vous peindre les personnes au milieu desquelles vous vivrez si vous le voulez, et qui vous attendent, non pour vous aimer, mais pour vous dire qu'elles vous aiment depuis longtemps.

« Croyez-moi, ma chère Mathilde ; autant le monde est souvent méchant et calomnieux en général, autant une intimité choisie est bienveillante et dévouée pour les personnes qui la composent.

« Chère enfant, je vous l'ai dit, j'avais commis des fautes, je l'avoue ; mais, on ne s'était pas borné à me les reprocher, on avait tout exagéré jusqu'à la plus abominable calomnie. Il a fallu mon nom, ma famille, mes alliances, ma fortune, mon caractère, pour résister à ce déchaînement universel. Eh bien ! depuis que je me suis retirée de ce monde bruyant, depuis que les années, le malheur, la raison, la religion m'ont donné une solidité de principes et une régularité que je n'avais pas, je n'ai trouvé autour de moi qu'indulgence, sympathie et intérêt.

« Je n'ai pas besoin de vous dire, en vous nommant les personnes que je vois habituellement, qu'elles composent l'élite de la meilleure compagnie, et que leur assiduité chez moi m'absout pour ainsi dire de tous mes torts passés : le prince et la princesse d'Héricourt, entre autres, sont de ces personnes dont la vie entière a été d'une pureté si éclatante, dont le caractère a une autorité si imposante, que de leur blâme ou de leur louange dépend l'accueil qu'on vous fait dans le monde. Le prince d'Héricourt, en un mot, représente tout ce qu'il y a d'honorable, de délicat, de courageux et d'élevé ; quoiqu'il vive assez retiré, il faut le dire à la louange de la société, il a peut-être encore plus d'influence sur elle qu'il n'en avait avant les malheurs qui l'ont frappé, et qu'il supporte si noblement. Vous sentez donc combien je suis heureuse et fière de l'attachement que me porte ce couple vénérable.

« Et puis enfin, vous le dirai-je, ce qui remplit mon cœur de joie et de reconnaissance c'est qu'on aime Emma comme elle mérite d'être aimée.

« Il se peut qu'on sache le secret de sa naissance, quoiqu'elle passe pour une orpheline dont je me suis chargée ; mais la délicate réserve dont on fait preuve à ce sujet m'est du moins un témoignage de tolérance bienveillante. Vous avez vu combien elle était belle, n'est-ce pas? mon Emma; eh bien, si l'orgueil maternel ne m'aveugle pas, elle est encore embellie! Et puis l'éducation qu'elle a reçue sous mes yeux au Sacré-Cœur a développé, a mûri toutes les excellentes dispositions qui étaient en elle. Deux ou trois fois par semaine je la garde le soir avec moi, tous mes amis en sont enchantés. Mais vous la verrez...

« Vous la verrez?... Hélas! la verrez-vous, Mathilde? renoncerez-vous à cette vie solitaire et désolée où vous passez vos plus belles années? En vérité, pauvre enfant, on dirait que votre douloureuse retraite est une expiation... une expiation... mon Dieu! du mal qu'on vous a fait sans doute?

« Mais je me rassure; vous avez à cette heure de si graves raisons pour venir à Paris, qu'il y aurait de la folie à vous à hésiter. Par cela même que vous tenez beaucoup à Maran, il faut au moins vous mettre à même de le posséder.

« Je n'ose espérer que la dernière considération que je vais vous faire valoir puisse vous décider, mais enfin j'essaie.

« Vous savez que j'habite maintenant une maison de la rue de Lille. Au fond du jardin de cette maison existe un charmant pavillon qui était occupé par la marquise-douairière de Montal ; elle l'a quitté, il est tout prêt : voulez-vous le prendre ? Je ne crois pas que votre maison soit plus considérable que la sienne ; en tout cas, une partie de mes communs m'est complètement inutile et je les mets à votre disposition. Le jardin est vaste, vous serez isolée lorsque vous le voudrez au fond de votre pavillon. Si vous ne désirez voir personne, vous ne verrez personne : mais au moins, moi et Emma, nous serons là ; et croyez-moi, chère enfant, il est toujours consolant d'avoir auprès de soi des cœurs bons et dévoués.

« Mathilde, réfléchissez bien à ce que je vous propose : je concevrais votre répugnance à venir à Paris pour y vivre seule ; à votre âge, dans votre position, ce serait impossible. D'un autre côté, il ne faut pas songer à habiter avec votre tante, puisque votre indigne cousine demeure chez elle ; ma proposition satisfait donc aux convenances et vous laisse en même temps une complète liberté.

« Je suis devenue tout à fait *vieille femme*. Vous savez que, lorsque je l'ai voulu, j'ai toujours fait compter avec moi, je puis donc vous être un très bon chaperon.... grâce à cette espèce de communauté d'habitation.

« Encore un mot, Mathilde. Je ne vous aurais jamais proposé de venir me rejoindre si je n'avais tellement établi et affermi ma nouvelle position dans le monde, que vous puissiez trouver auprès de moi aide et protection... Si le choix, si la sûreté et surtout si l'autorité de mes relations ne me mettaient pas désormais à l'abri de toute calomnie, je n'aurais pas osé me charger auprès de vous d'un rôle presque maternel... Vous me comprenez, n'est-ce pas? chère enfant... Cet aveu ne doit pas vous étonner, je vous en ai fait d'autres plus humiliants pour ma vanité.

« Croyez-moi donc, si je vous dis : Venez à moi, c'est que vous pouvez y venir avec confiance et sécurité.

« Emma entre à l'instant chez moi; elle me prie de la rappeler à votre souvenir, de vous dire qu'elle a bien souvent songé à vous, et, que, sans vous connaître beaucoup, *elle vous aime autant que vous m'aimez.*

« Ce sont ses propres paroles ; elles sont trop douces à mon cœur pour que je ne vous les répète pas en vous disant encore : Venez, venez..... vous êtes aussi aimée qu'impatiemment attendue.

« Mille amitiés bien tendres.

« Verneuil de Richeville. »

CHAPITRE II.

ROUVRAY.

La lecture de cette lettre produisit sur moi un effet décisif.

Sauf en ce qui concernait la question d'intérêt relative à l'acquisition de Maran, madame de Richeville ne faisait pourtant que résumer la correspondance qu'elle avait entretenue avec moi depuis deux ans; mais les larmes me vinrent aux yeux en lisant le dernier passage de sa lettre dans lequel elle semblait insister sur l'espèce de réhabilitation qu'elle devait à son changement de conduite, afin de me bien convaincre qu'elle était digne du rôle presque maternel qu'elle s'offrait à remplir auprès de moi. Lors même que mon voyage à Paris n'eût pas été autrement nécessité, j'aurais, je crois, profité des offres de madame de Richeville seulement pour ne pas la blesser par un refus qu'elle aurait pu défavorablement interpréter.

J'avoue aussi que la séduisante peinture de l'intimité dans laquelle elle vivait avec des personnes dont j'avais toujours entendu vanter l'esprit et le caractère entra pour quelque chose dans ma résolution. Au moment de commencer une vie nouvelle, j'éprouvais cependant quelques regrets d'abandonner ces lieux où j'avais tant souffert; j'avais fini par trouver une sorte de torpeur bienfaisante comme le sommeil dans l'engourdissement qui avait succédé à mes agitations... Savais-je ce que me réservait l'avenir?

La crainte de rencontrer à Paris mon mari ou Ursule n'avait été pour rien dans ma détermination de vivre solitaire. J'éprouvais pour M. de Lancry une indifférence méprisante, pour ma cousine une aversion profonde; mais j'avais assez la conscience de ma dignité pour être certaine qu'à leur rencontre et malgré leur effronterie mon front ne pâlirait pas.

Du moment où mon mari m'avait abandonnée, je m'étais regardée comme à jamais séparée de lui, sinon de droit, du moins de fait; cette position embarrassante pour une jeune femme, ma répugnance à vivre seule à Paris avaient contribué à prolonger mon séjour à Maran. Madame de Richeville, en me proposant de demeurer presque chez elle, levait tous mes scrupules.

Je prévins Blondeau que nous quittions Maran pour aller à Paris habiter avec la duchesse. Elle pleura de joie et fit à la hâte tous mes préparatifs de voyage dans la crainte de me voir changer de résolution.

Je quittai Maran à la fin de l'automne.

Je passais forcément devant Rouvray, je ne savais si je devais m'y arrêter ou non pour voir madame Sécherin; je n'avais eu aucune nouvelle d'elle ou de son fils depuis le jour fatal où elle était venue à Maran annoncer à Ursule que mon cousin, indigné de sa conduite, se séparait d'elle pour toujours.

Je redoutais cette visite; elle pouvait rouvrir et chez moi et chez ces malheureux des plaies peut-être cicatrisées. D'un autre côté, je n'aurais pas voulu paraître indifférente aux chagrins de cet homme si honnête et si bon. Au milieu de ces hésitations, j'arrivai presqu'en vue de la fabrique de M. Sécherin. J'ordonnai aux postillons d'aller aux pas, voulant me ménager encore quelques minutes de réflexion, lorsque tout-à-coup je vis M. Sécherin sortir d'un chemin creux qui aboutissait à la grande route.

Il m'aperçut, il s'arrêta, me regarda quelques instants d'un air hagard; puis cachant sa figure dans ses mains, il regagna brusquement le chemin d'où il venait de sortir.

M. Sécherin était cruellement changé; il m'avait reconnue, et je ne pouvais me dispenser d'entrer chez sa mère : je me fis conduire à sa maison. Blondeau m'attendit avec ma voiture au bout de l'allée de tilleuls où jadis j'avais rencontré Ursule.

Je m'avançai seule, vivement frappée de l'état d'incurie dans lequel était le jardin autrefois tenu avec tant de soin et de recherche : des herbes parasites envahissaient les allées; les vieux arbres, autrefois symétriquement taillés, n'étant plus émondés, cachaient la vue de la Loire et ses riantes perspectives; on n'apercevait aucun vestige de fleurs dans les quinconces abandonnés, les feuilles mortes bruissaient sous mes pas; le ciel gris et pluvieux d'une matinée d'automne jetait un sombre voile sur ce tableau déjà si triste.

Au fond de l'allée de charmille où j'avais surpris les premiers aveux de Gontran à Ursule, je vis le groupe de figures en pierre peinte à demi détruit. Sous le vestibule je trouvai l'une des deux servantes que j'avais déjà vues à Rouvray; elle me dit que madame Sécherin était dans le salon.

Je traversai l'antichambre et la salle à manger : il y faisait un froid glacial; les carreaux du sol, autrefois soigneusement rougis et cirés, étaient verdâtres et suintaient l'humidité. Tout semblait dégradé, délaissé. Quel changement dans les habitudes de madame Sécherin, que j'avais vue toujours si rigoureuse sur l'accomplissement des devoirs domestiques, si jalouse de la minutieuse propreté de sa demeure!

Les portes étaient ouvertes, mes pas peu bruyants; j'arrivai dans le salon sans que madame Sécherin m'entendît. Elle était assise à son rouet, et portait comme toujours une robe noire et un bavolet de toile blanche. Son vieux perroquet gris, engourdi par le froid, sommeillait sur son bâton. A travers les vitres des fenêtres, ternies par le brouillard, on voyait quelques sarments de vigne agités par le vent et dépouillés de feuilles; ils se balançaient çà et là, pendant à la treille négligée. Deux tisons noircis brûlaient lentement au milieu des cendres du foyer. Les housses des meubles et les rideaux, autrefois d'une blancheur de neige, étaient jaunis par la fumée. Enfin cette habitation, jadis d'une splendeur de propreté qui atteignait au luxe, montrait partout la funèbre et sordide insouciance de la vieillesse, qui semblait dire :—A quoi bon tant de soins pour si peu de jours?

En me rappelant l'animation, la gaîté que la présence d'une femme jeune et belle avait pendant quelque temps apportées dans cette demeure, je frissonnai... Si M. Sécherin conservait le souvenir d'Ursule; si, malgré les irréparables torts de sa femme, il comparait le présent au passé, sa vie devait être bien cruelle!

Le cœur me battait si fort que je restai immobile à la porte du salon.

Examinant plus attentivement la figure pâle et austère de madame Sécherin, je fus étonnée de l'innombrable quantité de rides profondes que le chagrin avait creusées sur ses traits. Par deux fois, le mouvement mesuré de son rouet se ralentit peu à peu comme le pendule d'une horloge qui s'arrête graduellement, elle pencha légèrement sa tête sur sa poitrine ; ses yeux fixes et éraillés regardaient sans voir ; une de ces larmes si rares chez les vieillards, mouilla sa paupière ardente et rougie ; puis, faisant un brusque mouvement comme si elle se fût éveillée en sursaut, et voulant échapper sans doute à de sinistres réflexions, elle se remit à tourner son rouet avec une vivacité fébrile.

Pour ne pas rester plus longtemps inaperçue, j'agitai la clef dans la serrure.

Madame Sécherin releva la tête, me vit, repoussa du pied son rouet bien loin d'elle et me tendit les bras sans me dire une parole.

Je baisai ses mains vénérables, et je m'assis près d'elle.

Au bout d'un silence de quelques minutes, elle s'écria avec explosion :

— Ah, je suis bien malheureuse! la plus malheureuse des créatures.... mais n'en dites rien à mon fils... il ne le sait pas!

— Je viens de le rencontrer — lui dis-je — il m'a paru bien changé.

— Le pauvre enfant n'est plus reconnaissable... le chagrin le tue... il pense encore à cette infâme...—se hâta-t-elle de me dire d'un air presque farouche. Puis elle ajouta avec amertume :

— Elle ne lui a fait que du mal pourtant... tandis que moi, moi, mon Dieu! je l'ai toujours aimé comme le fils de mes entrailles... oui, et pourtant il pense encore à elle... il y pense plus qu'à moi peut-être! — répéta-t-elle.

— J'espère que vous vous trompez — lui dis-je. — Sans doute mon cousin est plus absorbé par la douleur d'avoir été indignement trompé que par le souvenir de...

— Ne prononcez pas ce nom détesté! — s'écria-t-elle en m'interrompant avec violence. — Ne le prononcez pas! par pitié.... Vous voulez me consoler, mais je ne m'abuse pas.

Non, non, ce n'est pas de l'indignation qu'éprouve mon fils... L'indignation éclate, tempête, cherche avec qui maudire ceux qui l'ont causée... Enfin après l'indignation vient le mépris, et, plus tard, l'oubli... Eh bien! le malheureux n'a pas oublié... n'a rien oublié.

— Attendez, attendez... encore. Mon cousin en est déjà au mépris sans doute, bientôt viendra l'oubli... Croyez-moi, s'il est profondément chagrin... c'est que, dans une âme généreuse, le mépris est cruel.

Madame Sécherin secoua tristement la tête et me dit :

— Hélas! vous vous méprenez! Plût au ciel qu'il eût du dédain pour elle...Mais je l'ai deviné.

— Que dites-vous?...

— La vérité... je l'ai deviné, vous dis-je; aussi il a honte, il me fuit... il s'isole... Pendant les premiers temps de son chagrin, j'ai compris que mon fils voulût être seul. Je me disais que, par tendresse pour moi, il ne voulait pas me laisser voir ce qu'il souffrait. Car vous ne savez pas ce que c'était que son chagrin...

— Il a donc beaucoup souffert?

— S'il a souffert!... Mais je l'ai vu des jours, entendez-vous?... des jours entiers, des nuits entières, couché sur son lit, pleurant à chaudes larmes, et ne s'interrompant de sangloter que pour se livrer à des accès de rage insensés, et pousser des cris, des rugissements de douleur et de désespoir, qu'il n'étouffait qu'en mordant ses draps avec fureur... Je le vois encore, mon Dieu, les bras étendus, les mains crispées... ne connaissant pas ma voix, et, dans son délire, appelant cette femme... l'appelant... la misérable! tandis qu'il ne faisait pas attention à moi, qui étais là... qui priais... qui pleurais... Oh! mon Dieu! que de nuits j'ai passées ainsi agenouillée à son chevet tout trempé de ses larmes et des miennes, craignant qu'il ne perdît la raison dans un de ces accès de rage... Avec quelle angoisse j'attendais qu'il me reconnût... Alors... — dit la malheureuse mère en portant son mouchoir à ses yeux; — alors, comme il est bon et sensible comme un enfant... quand il revenait à lui il m'embrassait, il me demandait pardon de m'affliger, de ne pouvoir vaincre sa douleur… Aussi, dans les premiers temps, je ne me désespérais pas… si quelquefois il me répondait avec humeur ou avec impatience quand je lui reprochais son découragement, je me disais : Plus tard il me reviendra… Je faisais de mon mieux pour tâcher de le consoler, pour le calmer, pour le distraire ; mais je ne réussissais pas… Je lui faisais faire les plats qu'il aimait, il ne mangeait pas. J'avais demandé à la ville des livres bien intéressants ; malgré la faiblesse de ma vue… je lui faisais la lecture… il ne m'écoutait pas… Je voulus attirer ici de ses amis ; il les reçut si mal qu'ils n'osèrent plus revenir. Malgré mon âge je lui ai proposé de nous en aller voyager ; il a refusé. Quoique cette maison soit sacrée pour moi, et que je veuille y mourir comme mon mari y est mort ; craignant que ces lieux ne lui rappelassent trop de mauvais souvenirs, je lui ai proposé d'habiter ailleurs, qu'importait cela… il a refusé… toujours refusé comme il refuse tout ce que sa mère lui offre — ajouta-t-elle avec amertume.

Il y avait une si profonde douleur dans ces plaintes naïves, j'entrevoyais pour madame

Sécherin une vie si malheureuse en songeant aux insurmontables regrets de son fils, que je ne pus que prendre la main de cette pauvre mère entre les miennes en attachant sur elle un regard désolé.

— Je patientais toujours — reprit-elle ; — je me disais : Les regrets que lui laisse cette horrible femme ne pourront pas durer... Je priais le bon Dieu de toucher mon fils de sa grâce et de le ramener à moi... Je fis dire des messes à sa patronne... Hélas ! tout fut inutile... tout... Plus j'allais... plus je voyais que je n'étais plus rien... que je ne pouvais plus rien pour mon fils — ajouta-t-elle d'une voix entrecoupée de sanglots ; — mais je n'osais rien lui en dire : il était déjà si malheureux ; j'attendais toujours... Quelquefois, pour me contenter, il prenait un air moins triste... Une fois le malheureux enfant voulut sourire... Je fondis en larmes, tant son triste et doux sourire était navré, et je me promis bien de ne plus le contraindre ainsi... Devant Dieu, qui m'entend, je vous le jure, jamais je ne lui ai reproché son chagrin ; seulement... peu à peu cela m'a découragée, accablée... Le voyant insouciant de tout, je suis devenue comme lui, insouciante de tout... j'ai laissé aller les choses comme elles ont voulu aller, dans cette maison... Tout est négligé, l'herbe pousse partout dans le jardin : comme elle poussera bientôt sur la fosse d'une pauvre vieille femme qui n'est plus bonne à rien sur la terre, puisqu'elle ne peut pas consoler son fils...

Cet abattement contrastait si fort avec la fermeté un peu âpre que j'avais toujours vue à madame Sécherin, que je fus effrayée. Cet affaiblissement moral présageait sans doute un grand affaiblissement physique. J'essayai de la rassurer en lui citant mon exemple.

— Sans doute — lui dis-je — ces deux années ont dû vous sembler cruellement longues ; mais songez que toute douleur finit par s'user... Plus les regrets de votre fils ont été violents, plus le terme de sa délivrance approche à son insu. Moi aussi, bonne mère, j'ai beaucoup souffert ; j'ai non-seulement perdu l'homme à qui j'avais voué ma vie entière, mais j'ai perdu mon enfant et avec lui la seule chance de bonheur que je pusse encore espérer... Eh bien ! à d'affreux déchirements a succédé le calme... Calme triste, il est vrai, mais qui est presque du bonheur, si je le compare à tout ce que j'ai ressenti... Courage donc, bonne mère... courage... vous touchez peut-être au terme de vos peines... Comme votre fils, je suis victime de cette femme... Un mépris glacial a remplacé ma haine... L'heure n'est pas loin où votre fils éprouvera comme moi...

Madame Sécherin secoua tristement la tête et me répondit, hélas! je dois l'avouer, avec un bon sens qui m'effraya :

— Ce n'est pas la même chose...Votre mari était de votre condition... C'était pour vous un homme ni au-dessus ni au-dessous de ceux que vous aviez l'habitude de voir... Cela vous manque moins à vous, tandis que mon pauvre enfant n'avait jamais connu de femme qui, en apparence du moins, pût être comparée à cette misérable.

Puis, recouvrant un éclair de son ancienne énergie, madame Sécherin s'écria :

— Mais cette infâme, dans son affreux orgueil, aura donc deviné juste en me prédisant avec son audace de Lucifer qu'on n'oubliait pas une femme comme elle, que mon fils la regretterait toujours; qu'il la pleurerait avec des larmes de sang!... Oh! mon Dieu, mon Dieu!... ta volonté est impénétrable... Il faut avoir bien de la foi pour ne pas désespérer de ta justice... Il faut bien aimer son enfant pour l'aimer encore quand l'amour qu'on lui porte est aussi inutile...

Madame Sécherin revenait sur cette pensée, qui lui semblait douloureuse; je tâchai de l'en distraire.

— Ne croyez pas cela — lui dis-je. — Sans vous, sans vos soins assidus, la vie de votre fils lui serait mille fois plus affreuse encore.

— Comment cela pourait-il être? Il ne regretterait pas cette femme plus qu'il ne la regrette! — reprit madame Sécherin avec une sombre opiniâtreté. — Oui, car s'il n'était pas si malheureux, je dirais qu'il est un mauvais fils, un ingrat...

— Ah! Madame...

— Je dirais qu'il ne reste auprès de moi que par respect humain, et parce que, dans le premier moment de sa colère, il a juré sur la mémoire de son père de ne jamais pardonner à cette criminelle... Oh! j'ai bien souffert sans rien dire..... Depuis deux ans..... j'ai bien enduré... Autrefois il croyait à la vertu de cette femme, je comprenais à la rigueur qu'il me la préférât... mais après ce qui s'est passé... qu'elle lui tienne encore autant au cœur... tenez... il faut que je le dise à la fin... cela m'indigne... cela m'offense...

— Vous vous méprenez peut-être — lui dis-je; — l'on peut éprouver longtemps de la colère, de la haine contre ceux qui vous ont trompé, sans pour cela subir encore leur influence. Les cœurs généreux sont surtout susceptibles de ces profonds ressentiments, la trahison leur est d'autant plus cuisante que leur confiance a été plus aveugle...

— Bénie soit toujours votre venüe — me dit madame Sécherin en essuyant ses yeux, — j'ai pu vous dire ce que je n'ai dit à personne, car depuis deux ans mon cœur s'emplit d'amertume. Fasse le ciel qu'il ne déborde pas, et que mon fils ne sache jamais le mal qu'il m'a fait... Pourtant, il se pourra bien que j'éclate à la fin! il pourra venir un moment où je ne saurai plus me contenir.

— Ah! gardez-vous en bien — m'écriai-je — quelle serait votre vie, mon Dieu, et la sienne!

— C'est que je me lasse à la fin, non pas de me sacrifier pour lui; non... le peu de jours qui me restent lui appartiennent, mais je me lasse de le voir souffrir comme s'il était seul et abandonné de tous. Je me lasse de voir que le honteux souvenir d'une infâme étouffe dans le cœur de mon fils la reconnaissance qu'il me doit. Enfin... dites! dites! — s'écria-t-elle avec un redoublement de violence et de douleur — n'est-ce pas terrible de voir son enfant mourir à petit feu et de ne pouvoir pas le sauver... quand c'est pour cela que Dieu vous a laissée sur la terre!

Cette conversation rapide me montra que l'existence de M. Sécherin et de sa mère était encore plus horrible que je ne l'avais soupçonnée?

Je vis alors M. Sécherin passer lentement devant les croisées du salon; il s'arrêta un instant, me regarda, puis s'éloigna.

Je croyais qu'il venait nous rejoindre; il n'en fut rien. Supposant qu'il voulait me parler en secret, je cherchais un moyen d'aller le retrouver lorsque sa mère me dit :

— Mon fils voulait sans doute causer avec vous, maintenant il n'ose plus..... Tenez, le voilà qui se promène dans l'allée de charmille.

Je saisis ce prétexte.

— Si vous le permettez, j'irai près de lui ; vous savez qu'il a toujours eu quelque confiance en moi : peut-être lui redonnerai-je du courage ; peut-être l'aiderai-je à vaincre cette insurmontable tristesse...

Madame Sécherin me tendit la main en secouant la tête.

— Toujours généreuse et bonne — me dit-elle.

— Toujours compatissante aux maux que j'ai partagés — lui dis-je.

Je retrouvai M. Sécherin dans cette même allée où j'avais autrefois surpris les premiers aveux de M. de Lancry à Ursule.

En approchant de mon cousin, je fus encore plus frappée que je ne l'avais été du changement de ses traits. Hélas ! pourquoi faut-il que le malheur et le désespoir puissent seuls imprimer un cachet de grandeur aux physionomies les plus vulgaires? tandis que le bonheur et le contentement ne les ennoblissent jamais!

La figure de M. Sécherin, jadis si fleurie, si débonnaire, si souriante, était d'une pâleur de marbre, d'une effrayante maigreur; ses yeux caves, rougis par les larmes, brillaient du feu de la fièvre; ses traits avaient enfin une expression de douleur farouche qui leur donnait un caractère d'élévation que je ne leur aurais jamais soupçonné.

En me voyant il tressaillit, leva les yeux au ciel, et s'écria d'une voix étouffée :

— Elle vous a fait bien du mal, à vous...

— Bien du mal... oui mon cousin... mais j'ai du courage, moi... J'ai été comme vous trahie, abandonnée... eh bien, à cette heure, je méprise, j'oublie ceux qui m'ont outragée, le calme est revenu dans mon cœur, et je n'ai pas comme vous une mère pour me consoler.

M. Sécherin ne me répondit rien, marcha auprès de moi d'un pas inégal; puis s'arrêtant brusquement devant moi, il croisa les bras et me dit avec une explosion de rage, le regard étincelant de fureur :

— Je n'ai pas encore tué votre mari... Je dois vous paraître bien lâche, n'est-ce pas ?.... Mais patience... patience — ajouta-t-il d'un air sombre et concentré — ma pauvre vieille mère mourra un jour...

Et il recommença de marcher en silence.

Ces mots m'expliquèrent la conduite de M. Sécherin. Malgré sa bonhomie, il avait fait ses preuves de courage. Il attendait sans doute la mort de sa mère pour exiger une sanglante réparation. Je n'aimais plus M. de Lancry, mais l'idée de ce duel me fit horreur. Je répondis à mon cousin :

— Votre mère vivra assez longtemps pour que vos regrets soient tellement affaiblis.... que vous laissiez à Dieu la punition des coupables.

M. Sécherin partit d'un éclat de rire sauvage en s'écriant :

— Abandonner ma vengeance à Dieu !! — Et il reprit à voix basse, d'un ton qui me fit frissonner : Mais vous ne savez donc pas que je trouve quelquefois... que ma mère vit bien longtemps pour ma vengeance !

— Oh, cela est épouvantable ! — m'écriai-je ; — vous... vous toujours si bon fils !

— Je ne suis plus bon fils — reprit-il avec une fureur croissante ;—Je ne suis plus rien... rien qu'un malheureux fou... qui passe la moitié de sa vie à regretter, à appeler une infâme... et l'autre moitié à la maudire et à rêver la vengeance... Tenez, voyez-vous !... il y a des moments où je suis capable d'abandonner ma mère, quoique je sache que ce serait lui porter le coup de la mort.

— Que voulez-vous dire ?

—Oui, je suis capable de tout quand je pense que votre mari peut mourir avant moi... ou qu'Ursule peut croire que je suis un lâche... que je n'ose pas me battre...

Stupéfaite, je regardai M. Sécherin ; sa crainte de paraître lâche aux yeux d'Ursule me disait combien son amour était encore violent.

— Il faut oublier Ursule, elle est indigne d'occuper votre pensée.

Il haussa les épaules.

—Vous aussi... vous voilà comme ma mère... il faut oublier !!... Oublier ! Dites donc à mon cœur de ne plus battre... dites donc à mon sang de ne plus brûler dans mes veines... à mon souvenir de s'éteindre.

— Mais cette femme est une misérable.

— Mais on l'adore!... cette misérable!! mais votre mari vous a quittée pour elle... vous qui valez pourtant mille fois mieux qu'elle! — s'écria M. Sécherin presque brutalement.

Un moment, je l'avoue, je restai sans réponse; il fallait qu'Ursule eût une irrésistible puissance de séduction pour que deux hommes de natures si différentes, M. de Lancry et M. Sécherin, en fussent devenus si passionnément épris.

Mon cousin continua d'un air sombre : — L'oublier.... l'oublier.... et pourquoi l'oublierais-je... Jusqu'au jour où elle a été criminelle, qui donc a fait pour moi ce qu'elle a fait?...

— Mais votre mère....

— Mais ma mère n'était que ma mère... et ma femme était ma femme! s'écria-t-il courroucé. — Le temps que j'ai passé près d'Ursule sera toujours le plus beau temps de ma vie...

Elle qui m'était si supérieure par l'esprit et par l'éducation, elle s'était mise à mon niveau! Et puis si belle... si belle! Oh! que de nuits de rage furieuse j'ai passées dans notre chambre déserte en l'appelant à grands cris!.. Oublier... mais vous ne savez donc pas que je l'aimais autant, plus peut-être, pour sa ravissante beauté que pour son esprit charmant... Oublier... et pourquoi! pour vivre tête-à-tête avec ma mère, n'est-ce pas? Quelle compensation!

— Mais ce que vous dites là est affreux... Croyez-vous qu'il ne lui soit pas pénible de voir combien ses consolations sont impuissantes?

— Eh! que ma mère veut-elle de plus?... elle est heureuse et contente... J'ai abandonné Ursule à son sort... j'ai juré sur la mémoire de mon père de ne plus la revoir... de ne jamais lui pardonner... Je tiens ma promesse... quoiqu'elle me coûte. Pourquoi ma mère veut-elle me disputer mes larmes... mes larmes que je lui cache tant que je puis... Pourtant... — Et les lèvres de M. Sécherin tremblèrent convulsivement, de grosses larmes roulèrent dans ses yeux, il cacha sa tête dans ses mains et tomba assis sur un banc de pierre en sanglotant.

Épouvantée de cet affreux amour, je restai muette...

— Tenez, je suis ridicule, je suis vil, je suis fou... je le sais — reprit mon cousin en essuyant ses yeux — mais, que voulez-vous! c'est plus fort que moi... Accablez-moi, je le mérite, car je l'aime encore...

— Vous l'aimez encore?

— Oui... c'est honteux, c'est horrible... je l'aime autant que je l'ai jamais aimée.

— Est-il possible, mon Dieu!

— J'ai beau me raisonner, j'ai beau me dire que sa conduite avec votre mari est mille fois plus coupable que si elle avait cédé à l'amour... j'ai beau me dire qu'il faut être profondément corrompue pour s'être donnée ainsi qu'elle s'est donnée... Eh bien! sans ma mère... entendez-vous? sans ma mère, vingt fois je serais allé tuer M. de Lancry ou me faire tuer par lui; si je l'avais tué, je me serais jeté aux pieds d'Ursule pour tout lui pardonner... et je suis sûr qu'à force d'indulgence et de bonté je l'aurais ramenée à de bons sentiments... Car, voyez-vous, personne ne la connaît comme moi... — dit-il en essuyant ses yeux. — C'est bien plutôt sa tête que son cœur qu'il faut accuser.

— Mon cousin, je n'aime pas à accabler les absents ; mais votre femme m'a fait assez de mal pour que je dise ce que je pense, beaucoup moins pour récriminer le passé que pour vous aider à vaincre un indigne amour. Ursule est aussi fausse que méchante. Pendant dix années elle m'a haïe d'une haine implacable, et pendant dix ans elle n'a eu pour moi que des paroles d'hypocrite tendresse.

— Mais, après tout, elle n'aimait pas votre mari ! — s'écria-t-il sans me répondre.—Sans ma mère, je pouvais profiter de cet aveu pour lui pardonner et rompre cette liaison dès son commencement. Mais les femmes sont si implacables dans leur haine ! Ma mère n'a pas oublié qu'une fois je l'avais sacrifiée à Ursule... Oh ! elle s'en est bien souvenue... Et dût y périr le bonheur de ma vie ; dussé-je mourir de chagrin et elle aussi, il a fallu, pour assouvir sa vengeance, jurer de ne jamais pardonner à Ursule...

—Mais c'est un enfer que votre vie alors!...

—Eh bien! oui... oui, c'est un enfer... Devant ma mère, je me contrains; mais je souffre le martyre... D'autres fois je me maudis de rester insensible aux consolations qu'elle tâche de me donner... je sens tout le chagrin que je lui fais; mais je n'y puis rien... tant je suis faible, tant je suis lâche... Un enfer... vous l'avez dit... c'est un enfer... Et pourtant ma pauvre mère est la meilleure des femmes! et pourtant, moi, je ne suis pas un méchant homme... Je l'aime... je l'aime bien tendrement; et pourtant je sens que je l'afflige, que je la blesse sans cesse... Oh! tenez, maudit soit le sort qui m'a fait rencontrer Ursule... J'aurais épousé une femme de ma classe; ma vie, celle de ma bonne mère n'eussent pas été empoisonnées... Si vous saviez quelle existence je mène, mon Dieu!... si vous saviez! Je n'ai plus le moindre souci de mes affaires d'intérêt, je ne sais où en est ma fortune; j'ai pris un homme d'affaires pour n'avoir plus à y songer... A quoi bon l'argent maintenant!

C'était pour ELLE, moi, que je voulais être riche. Elle le savait bien, mon Dieu!... Elle m'aurait fait faire tout ce qu'elle aurait voulu... Je suis sûr que j'aurais trouvé le moyen de doubler ma fortune, parce que cela lui aurait fait plaisir... et seulement pour voir son beau regard brillant et heureux, seulement pour la voir me remercier avec son joli sourire...

Puis portant brusquement ses deux poings fermés à ses yeux, il s'écria d'une voix sourde :

— Son regard, son sourire... je ne les verrai plus... non, plus jamais, jamais... je l'ai mérité, je n'ai pas eu le courage de lui pardonner... J'ai écouté la haine impitoyable de ma mère, je n'ai pas été un homme, j'ai agi comme un enfant, comme un fou...

Après avoir un instant marché avec agitation, il reprit :

— Pardon, pardon, ma cousine... Hélas! voilà pourtant les jours que depuis deux ans je passe avec ma mère dans cette maison froide et muette comme la tombe... Dans la journée je marche... je vais sans savoir où je vais... et puis je rentre pour dîner... pendant tout le temps du repas, je regarde la place où ELLE était... Et puis je reste avec ma mère; nous faisons la lecture tour-à-tour... je lis machinalement... sans entendre, sans comprendre ce que je lis. A onze heures, ma mère fait sa prière à haute voix et nous nous séparons... Alors je rentre dans *notre* chambre que je n'ai pas voulu quitter.... Alors commencent d'atroces insomnies... alors j'endure, comme au premier jour, toutes les tortures d'une jalousie frénétique et désespérée.... quand je pense...

Puis, sans achever sa phrase, M. Sécherin se dressa debout, frappa du pied avec rage et s'écria en levant les poings vers le ciel :

—Oh! je le tuerai, cet homme! je le tuerai! — Et il se remit à marcher à grands pas.

Une des servantes de madame Sécherin vint nous prier de sa part de nous rendre au salon.

—Mon fils—dit-elle lorsque nous entrâmes, — votre cousine a peut-être hâte d'arriver à Paris; il ne faut pas la retenir.

— C'est, en effet, une affaire très importante qui m'y appelle — lui dis-je — et qui ne souffre pas de retard. Sans cela, je vous aurais demandé l'hospitalité pendant quelques jours.

— Vous lui avez au moins parlé raison — me dit madame Sécherin en me montrant son fils.

— Je lui ai parlé de vous, Madame, et aucun fils n'est plus respectueux et plus tendre; croyez-le bien.

— Je le crois... car je ne veux que son bien.

— Il le sait, Madame. — Puis je fis un signe à M. Sécherin, en lui montrant sa mère pour l'engager à lui dire quelques paroles de tendresse filiale. Sa froideur m'effrayait. Je craignais que madame Sécherin ne voulût profiter de ma présence pour lui adresser des reproches qu'elle comprimait depuis si longtemps.

M. Sécherin s'approcha de sa mère, lui prit la main, la baisa en disant :

— Pardonnez-moi, ma mère; vous savez que je suis souffrant depuis quelque temps. Cela m'a rendu peut-être le caractère inégal, j'ai fait ma confession à ma cousine. Elle m'a bien grondé — ajouta-t-il en souriant tristement — je tâcherai d'être plus sage à l'avenir.

— Cela vous coûtera sans doute beaucoup — dit sévèrement sa mère.

Ce que je redoutais allait arriver; Madame Sécherin, se sentant blessée devant moi dans sa dignité de mère, ne pourrait taire ce que la fatale préoccupation de son fils lui faisait souffrir depuis si longtemps.

Je jetai un regard suppliant à M. Sécherin pour l'engager à se modérer; mais lui aussi était depuis longtemps aigri. Ma présence avait ravivé ses blessures. Je frémis en songeant que j'allais peut-être devenir la cause involontaire d'une scène affligeante.

Pourtant M. Sécherin baissa la tête sans répondre à sa mère, qui reprit d'une voix plus haute :

— Il serait d'un bon fils d'aimer sa mère au-dessus de tout.

— Quoi qu'il m'en ait coûté, j'ai fait ce que j'ai pu pour vous prouver ma soumission... ma mère; je ne puis rien de plus—reprit froidement son fils.

— Voilà pourtant notre vie, Madame, telle que nous l'a faite l'infâme qu'il regrette encore — s'écria madame Sécherin. — Vous pouvez ne pas regretter une infâme ! — dit-elle à M. Sécherin avec violence.

Épouvantée de la tournure que prenait la conversation, je me hâtai de dire :

— Ah ! Madame, excusez-le, il l'aimait tant !

— Il est capable de l'aimer encore.... un indigne amour fait commettre tant de lâchetés.

Les yeux de mon cousin étincelèrent ; il s'écria :

— Ce n'est pas seulement un indigne amour qui fait commettre des lâchetés, ma mère ! D'ailleurs, voici assez longtemps que je me contrains, que je souffre, il faut que je parle, à la fin...

— Et moi aussi — s'écria sa mère courroucée — voici assez longtemps que je souffre, voici trop longtemps que vous oubliez ce que vous me devez... Je vous répète, moi, que vos indignes regrets sont autant de lâchetés... sont autant d'offenses à votre mère...

— Mon cousin... — m'écriai-je.

Il ne se contenait plus.

— Les sentiments les plus nobles, les plus saints devoirs font aussi commettre des lâchetés, entendez-vous, ma mère...

— Que veut-il dire?...

— Pas un mot de plus — dis-je à M. Sécherin, et j'ajoutai à voix basse :

— Voulez-vous donc faire mourir votre mère deux fois... lorsqu'à sa dernière heure elle songera au danger que vous irez braver dans un duel.

— C'est vrai, c'est vrai, je suis un fou, un méchant fils de lui répondre ainsi... Mes regrets l'outragent parce qu'elle m'aime tendrement. — Puis se mettant à genoux devant sa mère, il prit sa main et la baisa en disant : — Pardonnez-moi, ma mère, j'ai eu tort de vous parler ainsi :

— Une mère doit tout pardonner... dit-elle en soupirant. Et elle donna un baiser sur le front de son fils en me jetant un regard désolé.

— Et un fils doit tout souffrir — répondit M. Sécherin à voix basse, et son regard vint aussi me témoigner de ses douleurs.

. . . .

Je quittai Rouvray dans un accès de tristesse mortelle.

Je ne crois pas qu'il y eût au monde une

position aussi affreuse que celle de cette mère et de ce fils, toujours face à face, elle regrettant l'amour de son fils, lui regrettant l'amour d'une femme coupable.

Je ne pus réprimer un mouvement d'indignation profonde en songeant que mon mari était perdu pour moi, que mon enfant était mort, que ma vie était brisée, qu'une pieuse femme et son généreux fils voyaient leurs relations, autrefois si tendres, à jamais aigries parce qu'Ursule m'avait haïe et enviée.

CHAPITRE III.

LE RETOUR.

Deux mois après mon départ de Maran, j'étais établie à Paris dans le pavillon que m'avait offert madame de Richeville.

Je me demande encore comment j'avais pu inspirer à cette excellente femme l'affection qu'elle ne cessa jamais de me témoigner et dont elle me donna tant de nouvelles preuves lors de mon retour à Paris ; c'est avec l'intérêt le plus tendre, le plus maternel, qu'elle veillait à mes moindres désirs, qu'elle tâchait de m'épargner les moindres chagrins.

En songeant aux indignes calomnies dont elle avait été victime, je fus surtout frappée de voir dans quelle affectueuse intimité elle vivait avec des personnes qui représentaient certainement l'élite de la meilleure compagnie de Paris et qui passaient même, qu'on me pardonne cette expression, pour être extrêmement *collet monté.*

Ce revirement de l'opinion en faveur de madame de Richeville n'aurait pas dû m'étonner. Les gens de mœurs sévères sont d'autant plus indulgents pour les erreurs passées d'une personne qui recherche leur patronage que la vie présente de celle-ci est plus irréprochable.

Justement fiers de l'espèce de *conversion mondaine* que leur salutaire influence a opérée, ils défendent, ils appuyent leur néophyte, avec toute la généreuse ardeur du prosélytisme.

Madame de Richeville avait donc alors pour amis véritablement dévoués tous ceux qui, autrefois, avaient sincèrement plaint ses malheurs et déploré ses fautes.

Grâce aux derniers sacrifices que lui avait imposé son mari, sa maison était fort convenable ; mais pas assez splendide pour que l'empressement qu'on mettait à y être admis ne se rapportât pas entièrement à elle, qui en faisait les honneurs avec une grâce extrême.

Les portraits qu'elle m'avait faits de quelques personnes de sa société habituelle étaient d'une ressemblance frappante ; je fus, par hasard, à même d'en juger le premier jour de mon arrivée à Paris.

Ma voiture s'était brisée à Étampes ; retardée par cet accident, je ne pus, contre mon attente, arriver à Paris, chez madame de Richeville, qu'à dix heures du soir. Ne comptant plus ce jour-là sur moi, elle avait reçu comme elle recevait d'habitude ; aussi quel fut mon étonnement, lorsque ma voiture s'arrêta sous le péristyle, d'y trouver madame Richeville, accompagnée du prince d'Héricourt ! Mon courrier me précédant d'un quart d'heure m'avait annoncée, et madame de Richeville était descendue pour venir plus tôt au-devant de moi.

Je trouvai ce soir là chez elle la princesse d'Héricourt, mesdames de Semur et de Grandval. On fut pour moi de la bonté, de l'affabilité la plus parfaite.

Il faut avoir vécu dans le monde dont je

parle pour comprendre cet accueil à la fois bienveillant et réservé. On savait mes chagrins; j'excitais une vive sympathie : mais par une discrétion pleine de délicatesse on m'épargna tout ce qui aurait pu me rappeler trop directement des maux qu'on désirait me faire oublier.

Dire en quoi consistaient ces nuances si fines serait presque impossible ; et cependant, grâce à ces *riens*, au lieu de me témoigner une compassion indiscrète, on m'entourait d'une digne et charmante sollicitude.

Tant que les traditions et le savoir-vivre de notre ancienne aristocratie ne se perdront pas, il n'y aura jamais en Europe une société capable d'être comparée à notre bonne compagnie pour ce tact exquis, pour ce goût excellent, rares privilèges de l'esprit français.

Ainsi, je n'oublierai de ma vie ces paroles de la vénérable princesse d'Héricourt lorsque je lui fus présentée ce même soir par madame de Richeville :

— Quoique j'aie le plaisir de vous voir aujourd'hui pour la première fois, Madame —

me dit-elle — je vous connais, et permettez-
moi de vous le dire, je vous aime depuis que
j'ai entendu parler de vous par ma chère Amélie (c'était le nom de baptême de madame de
Richeville); moi et ses amis, qui sont aussi
les vôtres, nous l'engagions toujours à hâter
votre retour à Paris. A votre âge une vieille
grand'mère peut vous dire cela, à votre âge
la solitude est dangereuse; en s'isolant de toute
affection, on finit malgré soi par soupçonner
le monde d'égoïsme ou d'insensibilité. Mais je
vous assure qu'il n'en est rien; j'ai toujours vu
les plus touchantes, les plus nobles sympathies
aller avec bonheur au-devant des nobles et des
touchantes infortunes.

— Et moi, Madame — me dit gaiement la
comtesse de Semur avec sa vivacité cordiale,
— dût-on m'accuser de paradoxe comme on
m'en accuse souvent, je vous avoue que je
voudrais presque vous savoir encore au fond
de votre Touraine; mais, sans doute, vous
étiez notre idéal : pour nous consoler de ne
pas vous voir, nous disions que l'idéal se rêve
et ne se rencontre pas; au lieu que maintenant, si nous allions vous perdre, nous vous

aimerions encore plus, et nous vous regretterions bien davantage.

Puis, comme je me défendais modestement de ces louanges, la princesse d'Héricourt me prit la main et me dit d'une voix profondément émue :

— Veuillez songer, Madame, qu'il peut y avoir à admirer chez une jeune femme autre chose que sa beauté, sa grâce et son esprit..., et vous sentirez la distance qui existe entre une flatterie banale et un hommage sérieux et mérité.

Après ces présentations, je m'approchai d'Emma. Elle était vêtue d'une robe blanche très simple; les épais bandeaux de ses magnifiques cheveux blonds ondulés dessinaient le fin et pur ovale de son visage d'albâtre rosé. Elle me parut d'une éblouissante beauté : à son passage à Maran, elle avait quatorze ans; deux années de plus avaient accompli sa taille svelte et élancée comme celle de la Diane antique.

Je fais cette comparaison mythologique parce que les traits d'Emma comme ses moindres mouvements étaient empreints d'une grâce sérieuse, chaste et réfléchie, qui eût été de la majesté, si on pouvait appliquer ce mot à une jeune fille de seize ans, dont les grands yeux d'azur, dont le frais sourire révélaient la candeur enfantine.

Ce soir-là, comme toujours, Emma s'occupait des soins du thé et l'offrait avec des distinctions de prévenance dont quelques-unes me touchèrent. Ainsi, après avoir présenté une tasse à la princesse d'Héricourt, qui l'accepta, elle trouva le moyen, en s'inclinant légèrement, de baiser la main de la princesse au moment où elle allait toucher la soucoupe. Se rappelant sans doute que madame de Semur aimait le thé moins fort, elle eut l'attention de l'affaiblir. Si j'insiste sur ces puérilité, c'est que justement Emma savait leur donner la valeur des attentions les plus délicates.

Jamais je n'oublierai non plus le sourire mélancolique que madame de Richeville me jeta lorsqu'Emma lui dit de sa voix harmonieuse et suave : — Vous offrirai-je du thé, *Madame?*

Hélas! ce mot froid et indifférent, *madame* navrait cette pauvre mère; il fallait se résigner... aux yeux du monde, sa fille n'était pour elle que mademoiselle de Lostange, orpheline et sa parente éloignée.

Au bout de quelques jours Emma fut en confiance avec moi, je pus admirer les trésors de cette âme ingénue. C'était un cœur si sincère, si droit, si répulsif à tout ce qui était en désaccord avec son élévation naturelle, que jamais Emma n'a compris certains vices et certains défauts.

Les mauvaises actions étaient pour elle des effets sans cause, de monstrueux accidents; les odieux calculs, les instincts désordonnés qui amènent une bassesse ou un crime, dépassaient son intelligence complètement et adorablement bornée à l'endroit des passions : Emma était une exception aussi rare dans son espèce que l'étaient mademoiselle de Maran et Ursule dans la leur.

Je ne fus pas longtemps à deviner la cause de la vague tristesse qui semblait augmenter la mélancolie d'Emma... La pauvre enfant regrettait sa mère qu'elle avait perdue au berceau, lui avait-on dit. Sa reconnaissance pour madame de Richeville était tendre et sincère, mais Emma faisait ce calcul d'une naïveté sublime :

« Puisqu'une parente éloignée est si bonne pour moi... qu'aurait donc été ma mère ! »

Ayant pénétré le secret de la tristesse d'Emma, je me gardai bien d'en parler à madame de Richeville : c'eût été lui porter un coup affreux. Dans son adoration pour sa fille, elle eût été capable peut-être de lui avouer le secret de sa naissance ; et je n'osais prévoir le bouleversement que cette révélation eût apporté dans les sentiments d'Emma pour madame de Richeville : quelle lutte cruelle ne se fût pas élevée dans l'âme de cette jeune fille d'une vertu si fière, si ombrageuse, lorsqu'elle eût appris que sa mère avait commis une grande faute, et que sa naissance, à elle, pauvre enfant, était presque un crime !

Emma était la franchise même ; la perspicacité ne me manquait pas, et je sentais pourtant qu'il y avait en elle un côté mystérieux qui m'échappait encore.

Chose étrange ! j'étais convaincue qu'elle avait un secret, et qu'elle ignorait elle-même ce secret. Je la savais incapable de dissimuler aucune de ses impressions; elle n'avait pas dit à madame de Richeville la cause de sa vague tristesse au sujet de sa mère, parce qu'elle avait senti que cet aveu devait être pénible pour celle qui l'avait entourée de soins maternels.

Je pressentais donc qu'Emma me cachait quelque chose, non par fausseté, mais par ignorance, mais parce qu'elle ne pouvait ni s'expliquer ni préciser plus que moi la cause de certaines bizarreries qui m'avaient frappée.

Ainsi, lorsque l'hiver fut arrivé et qu'elle vit tomber la première neige, elle devint pâle comme cette neige, tressaillit et s'écria douloureusement :

— Ah ! la neige !!!

J'étais seule avec elle, je lui demandai pourquoi cette exclamation pénible ; elle me répondit :

— Je ne sais pourquoi tout à l'heure cela m'a fait mal de voir tomber la neige. Maintenant cela m'est indifférent.

Je lui demandai si la pensée des malheureux qui souffraient du froid n'avait été pour rien dans son exclamation, elle me répondit naïvement que non, qu'elle les plaignait profondément, mais qu'en ce moment elle n'y avait pas songé : à la vue de la neige, son cœur s'était douloureusement serré sans qu'elle sût pourquoi ; mais cette impression était déjà effacée.

Une autre fois, devant sa mère et moi, je ne sais plus à quel propos on parla d'hirondelles.

Les yeux d'Emma se remplirent de douces larmes; elle nous dit avec un sourire angélique :

— Je ne sais pourquoi, en entendant parler d'hirondelles, je me suis sentie délicieusement émue, pourquoi j'ai eu envie de pleurer.

Enfin, un jour que des soldats passaient devant la maison au son du clairon, Emma se leva droite, fière, l'œil brillant, la joue animée, prêta l'oreille à ce bruit guerrier avec une telle exaltation que sa charmante figure prit tout-à-coup une expression héroïque.

Les clairons passèrent, le bruit s'affaiblit. Emma regarda autour d'elle avec étonnement, se jeta rouge et confuse dans les bras de madame de Richeville, lui prit la main, qu'elle posa sur son sein en lui disant avec une grâce enchanteresse :

— Pardonnez-moi, je suis folle, mais je n'ai pu réprimer ce mouvement ; sentez mon cœur, comme il bat.

En effet, son cœur battait à se rompre.

Quel était ce mystère, quelle était la cause secrète de ces agitations, de ces émotions, hélas ! je le découvris plus tard ; mais alors Emma l'ignorait comme moi.

A l'explication de ces ressentiments involontaires, imprévus, dont on ne pénétrait pas la cause, on pouvait tout lire dans cette âme ingénue, aussi pure, aussi limpide que le cristal.

Telle était Emma.

Peu à peu on verra ce caractère se développer dans sa charmante ignorance, comme ces fleurs précieuses qui n'ont pas la conscience des parfums qu'elles exhalent ou des couleurs qui les nuancent. . . . .
. . . .

Quand j'étais à Maran, j'avais supplié madame de Richeville de ne pas m'écrire un mot sur M. de Lancry ou sur Ursule ; je fuyais tout ce qui pouvait me rappeler leur odieux souvenir : une fois à Paris, entourée de nouveaux amis, je fus plus courageuse.

Madame de Richeville avait été renseignée par des personnes bien informées de la conduite de mon mari. Voici ce que j'appris.

Mademoiselle de Maran redoublait de calomnies et de méchancetés. Après avoir ramené Ursule à Paris, elle la logea chez elle, répandant le bruit que ma jalousie, aussi injuste que furieuse, avait provoqué la séparation de M. Sécherin et de sa femme, que j'avais dénoncé ma cousine à son mari et donné comme preuves de la faute d'Ursule quelques trompeuses apparences.

Ma tante ajoutait que ce procédé était d'autant plus indigne de ma part que ma liaison avec M. Lugarto ne me donnait ni le droit de me plaindre des infidélités de mon mari, ni le droit de blâmer la conduite des autres femmes. Enfin, M. de Lancry, déjà éloigné de moi par la violence de mon caractère, ayant découvert que, lors de son voyage en Angleterre, j'avais poussé l'audace jusqu'à aller passer une nuit dans la maison de M. Lugarto, m'avait abandonnée. Mademoiselle de Maran, malgré l'affection qu'elle me portait, disait-elle, ne pouvait s'empêcher de reconnaître que M. de Lancry avait eu raison d'agir ainsi, et elle croyait de son devoir de soutenir cette *pauvre Ursule* victime de ma jalousie et de ma noirceur.

Ces médisances, si absurdes qu'elles fussent, n'en auraient pas moins été dangereuses, si madame de Richeville, pour prémunir ses amis contre ces infamies, ne leur avait pas raconté toute la scène de la maison isolée de M. Lugarto, telle que M. de Mortagne la lui avait dite à son lit de mort.

Cette révélation, les antécédents de M. de Lancry, la conduite présente d'Ursule suffirent pour me défendre des odieuses accusations de ma tante.

La révolution de juillet, en divisant, en dispersant la société légitimiste, avait en partie dépeuplé le salon de mademoiselle de Maran. Celle-ci n'avait dû les soins assidus dont on l'avait entourée, sous la Restauration, qu'à la crainte qu'elle inspirait, et aux puissantes inimitiés ou aux non moins puissantes protections dont elle pouvait disposer à son gré.

Lorsqu'on n'eut plus rien à redouter ou à espérer d'elle, on commença de la délaisser; car sa méchanceté augmentait avec les années. Sa maison n'offrait aucun attrait, aucun plaisir; son économie avait tourné à l'avarice : peu à peu elle se trouva complètement isolée.

Le dépit qu'elle en éprouva fut la véritable cause de son voyage à Maran. Pour se distraire de ses ennuis, elle vint sans doute me faire tout le mal possible.

En prenant le parti d'Ursule contre sa belle-mère, en lui proposant de l'emmener à Paris, elle avait d'abord cédé à son instinct de haine contre moi : mais lorsqu'elle eut reconnu la puissance des nouvelles séductions d'Ursule, elle songea à se servir de ma cousine — qu'on me pardonne cette trivalité—pour achalander son salon.

Elle savait le monde mieux que personne; elle annonça partout qu'Ursule était séparée de son mari. Il y a toujours un irrésistible attrait dans l'espoir de plaire à une jeune et jolie femme qui se trouve dans une position aussi indépendante; aussi bientôt mademoiselle de Maran ne fut plus délaissée. Ursule, plus jolie, plus effrontément coquette que jamais, se vit entourée d'une cour nombreuse.

M. de Lancry instruit de tout ce qui se passait, par un homme de confiance qu'il avait envoyé à Paris, perdit la tête de jalousie. Ce fut alors qu'il m'abandonna pour aller rejoindre Ursule.

Ce qu'il me reste à dire paraîtra sans doute bien ignoble... Malheureusement, en avançant dans la vie, j'ai été assez fréquemment témoin d'ignominies pareilles. Que chacun interroge ses souvenirs, et il reconnaîtra que les faits que je vais signaler n'ont rien d'exagéré, rien d'impossible; et qu'au contraire ils sont plutôt remarquables par une sorte de délicatesse assez rare dans ces indignités.

Ursule aimait passionnément le luxe, l'éclat, les plaisirs, les fêtes; elle ne trouvait pas cette vie splendide chez mademoiselle de Maran. Ma tante, assez riche pour recevoir noblement, était plus loin que jamais de penser à donner des bals, à prendre des loges aux grands théâtres, à avoir enfin un état de maison plus moderne, plus élégant, plus considérable que celui qu'elle avait toujours eu.

M. de Lancry, en arrivant à Paris, trouva Ursule en coquetterie réglée avec deux ou trois hommes de la société de ma tante. Malgré son aveugle passion, il connaissait trop bien les femmes et certaines femmes pour n'avoir pas deviné les goûts d'Ursule.

Par respect pour elle et pour lui, il ne pouvait lui proposer de satisfaire son penchant au faste et à la dépense; on savait qu'elle n'avait point d'autre fortune que soixante mille francs de sa dot. L'origine de son luxe une fois connue, Ursule tombait dans le dernier mépris et se voyait chassée de ce monde au milieu duquel elle voulait briller.

M. de Lancry, d'accord ou non avec ma tante, je ne l'ai jamais su, trouva un moyen fort ingénieux de tout accommoder; en un mot de donner à sa maîtresse la plus grande existence du monde, de ne pas la faire déchoir aux yeux de la société, et de lui assurer, au contraire, toutes les sympathies d'une coterie, de très bonne compagnie d'ailleurs, présidée par mademoiselle de Maran.

Sans la haine que celle-ci me portait, elle eût repoussé sans doute la honteuse complicité qu'elle accepta dans cette infâme transaction.

Quant à la manière dont je fus instruite de ces détails, elle se rattache à une nouvelle série d'événements mystérieux qui me prouvèrent malheureusement que le mauvais génie de M. Lugarto planait encore autour de moi et de ce qui me devenait de plus en plus cher.

CHAPITRE IV.

CORRESPONDANCE.

Environ trois mois après mon arrivée, Blondeau me remit un petit carton qu'un commissionnaire avait apporté. Je l'ouvris, pâlis d'effroi... en voyant un bouquet de ces fleurs vénéneuses d'un rouge éclatant que M. Lugarto m'avait autrefois envoyées, et qui depuis lors étaient devenues comme le symbole de son odieux souvenir, puisque madame de Richeville avait reçu un bouquet pareil le jour de la mort de M. de Mortagne.

Avec ce bouquet était la lettre ci-jointe écrite par mon mari à un de ses amis que je ne connaissais pas, l'enveloppe ayant été enlevée.

Comment M. Lugarto qui n'était pas à Paris, du moins je le supposais, avait-il pu intercepter la correspondance de M. de Lancry, je ne pus le savoir; mais je ne fus pas étonnée de ce fait : cet homme, grâce à son immense fortune, pouvait corrompre les gens ou avoir des créatures à lui au sein même de la maison des personnes qu'il épiait.

Quant au but de cet envoi, il n'était pas douteux : ignorant mon indifférence pour M. de Lancry, M. Lugarto croyait me blesser douloureusement en me dévoilant les mystères de la conduite de mon mari et d'Ursule.

Si cette intention ne fut pas absolument remplie, cette lettre ainsi qu'on va le voir, dut néanmoins me causer de pénibles ressentiments; la nouvelle perfidie de M. Lugarto porta donc quelques fruits amers.

Voici la lettre de mon mari.

M. DE LANCRY A ***.

Paris, janvier 1835.

. . . .

« Je vous remercie de votre lettre, mon cher ami; la mienne a dû bien vous étonner lorsqu'il y a un mois vous m'avez écrit pour me demander ces renseignements que vous savez, et que vous avez ajouté :

« Que devenez-vous ? puis-je croire à ce que
« j'ai par hasard entendu dire dans mon dé-
« sert ? est-il vrai que vous soyez l'heureux
« préféré de la femme la plus à la mode de
« Paris, qui à force d'esprit et de charmes a
« su faire oublier qu'elle s'appelait du nom
« vulgaire de madame Sécherin ?—Est-il vrai
« que mademoiselle de Maran, tante de votre
« femme, de votre *Eurydice,* soit en train de
« se ruiner ; qu'elle dépense un argent fou,
« qu'on cite la splendeur des fêtes qu'elle
« donne, le luxe de sa maison, etc., etc. ? Il
« me semble que dissiper à son âge, c'est
« commencer un peu tard. »

« J'ai répondu longuement à une partie de ces questions ; je vais continuer, car je suis dans un jour où mon cœur déborde de fiel et de haine.

« Vous êtes de ces hommes éprouvés auxquels on peut tout confier, et qui peuvent tout comprendre. Vous avez fondu deux énormes héritages dans l'enfer de Paris ; vous avez tué

trois hommes en duel, vous avez survécu à une horrible blessure que vous vous êtes faite en tentant de vous brûler la cervelle. Maintenant, revenu de ces *folies,* comme vous dites, vous vivez en philosophe « contemplateur et rêveur
« dans une vieille maison au fond de la Bre-
« tagne, heureux de regarder vos grèves en
« écoutant le bruit de la mer qui les bat inces-
« samment. » C'est dire que vous avez un caractère ferme, une rare connaissance des faiblesses humaines. Vous ne vous étonnerez donc pas des confidences qu'il me reste à vous faire.

« Je suis entouré d'êtres si niais ou si envieux que je me tuerais plutôt que de leur laisser soupçonner ce que je souffre ; ils seraient trop contents. Vous me mépriserez peut-être, homme stoïque ! Il n'importe ; je ne puis souffrir plus longtemps sans me plaindre à quelqu'un et de mes tourments et de mon bonheur, puisque mon bonheur est encore un tourment.

« J'ai d'ailleurs éprouvé un grand soulagement en vous écrivant ma première lettre ; je continue, puisque vous me dites ne pouvoir me donner aucun conseil avant de savoir la fin de mon histoire. Écoutez donc *.

« Dévoré de jalousie en apprenant qu'Ursule était à Paris entourée d'adorateurs ; voulant à toute force ressaisir mes droits, malgré le peu d'espoir que devait me laisser la lettre insolente qu'elle m'avait écrite, et qui était tombée entre les mains de son mari, je quittai Maran. J'abandonnai ma femme, j'arrivai ici.

« Je trouvai Ursule toujours belle, railleuse, fantasque et fière. Lorsque je voulus lui parler de mon bonheur passé, elle m'accabla de moqueries ; je me contins, j'avais mon projet.

« Mademoiselle de Maran, tante de ma femme, me reçut à merveille ; je vous ai dit sa haine contre Mathilde, cela vous aidera à comprendre ce qui suit. Je connaissais Ursule : elle avait un goût effréné pour le luxe et pour les plaisirs, et pouvait beaucoup sacrifier à ce goût ; mais je savais aussi que, malgré sa pau-

* La première lettre contenait sans doute le récit de la vie de Gontran jusqu'au moment où il vint rejoindre Ursule à Paris.

vreté, malgré la hardiesse de ses principes, l'effronterie de son caractère, elle était, par un bizarre mélange d'orgueil et d'indépendance, incapable de certaines bassesses.

« Pourtant le meilleur moyen de m'imposer à elle, de la dominer autant qu'on peut la dominer, était de la mettre à même de mener cette existence splendide, le rêve de toute sa vie, et cela sans froisser sa susceptibilité souvent très ombrageuse.

« Pour concevoir la détermination que je pris alors, il faut vous rappeler que jamais je n'ai hésité entre une somme d'argent si considérable qu'elle fût et un désir si insensé qu'il fût aussi ; il faut surtout vous convaincre que j'aimais, que j'aime encore Ursule avec toute l'ardeur, toute la rage d'un amour irrité, contrarié, inquiet, toujours inassouvi...

« Maintenant, tel est le problème que j'avais à résoudre : — Me rendre indispensable à Ursule en l'entourant de toutes les jouissances, de toutes les splendeurs imaginables, sans que sa délicatesse pût s'offenser, surtout sans que le monde pût jamais pénétrer ce mystère.

« L'avarice de mademoiselle de Maran, sa

haine contre ma femme, qu'elle était enchantée de voir ruiner, me servirent à souhait; voici comment.

« Un jour, devant Ursule, qui logeait chez elle, je vous l'ai dit, je demandai à mademoiselle de Maran ce qu'elle dépensait par an pour sa maison, son écurie, etc., etc. Elle me répondit : *Quarante mille francs.* Je m'écriai qu'on la volait, qu'elle ne recevait jamais personne, que ses voitures étaient horribles; tandis qu'avec cette somme, moi, je m'engageais à lui tenir la meilleure maison de Paris, si elle voulait se fier à moi et suivre mes conseils.

« — Comment cela? me dit-elle.

« — Donnez-moi 40,000 francs, ne vous occupez de rien, et je me charge de votre dépense pendant un an. Vous verrez de quelle manière je vous ferai vivre : seulement, si vous acceptez, vous irez passer quelques mois à la campagne pour me laisser le temps de faire les changements nécessaires à votre hôtel, cela sans bourse délier de votre part; je retrouverai cette dépense sur les 40,000 francs annuels.

« Ursule me regarda. Il me sembla qu'elle comprenait ma pensée, car un sourire... (oh! si vous connaissiez ses sourires!...) me récompensa de mon ingénieux stratagème.

« Vous entendez à demi-mot, n'est-ce pas? Ursule devait jouir de tout le luxe que je prétendais improviser avec les 40,000 francs de mademoiselle de Maran; celle-ci accepta ma proposition en riant aux éclats (elle rit toujours ainsi lorsqu'elle fait quelque perfidie). Quinze jours après notre convention, mademoiselle de Maran était établie à Auteuil avec Ursule dans une ravissante maison qu'un Anglais, dégoûté de ce séjour, m'avait, disais-je, louée pour rien. J'ai toujours eu le génie des impromptus, quand l'argent ne me manque pas.

« Il est inutile de vous dire ce que me coûta l'arrangement de cette maison d'Auteuil, où je me rendais chaque jour. C'était un *cottage* véritablement féerique. Pendant ce temps-là les travaux de l'hôtel de Paris avançaient rapidement. J'avais commencé la réforme par l'écurie. Je remplaçai les antiques voitures de mademoiselle de Maran par les plus jolis attelages de Paris. Sachant combien Ursule aimait à monter à cheval, je décidai mademoiselle de Maran à louer un petit appartement vacant alors chez elle à mon oncle, le duc de Versac, complètement ruiné par la révolution de juillet ; il servit ainsi de chaperon à Ursule dans ses promenades *équestres* avec moi, et la conduisit dans le monde lorsque mademoiselle de Maran ne pouvait l'y accompagner.

« Grâce à mon activité, au commencement de l'hiver l'hôtel de Maran fut transformé en un vrai palais. Un magnifique rez-de-chaussée fut réservé pour les réceptions. L'appartement d'Ursule, le temple de mon idole chérie, était une merveille de luxe et d'élegance : je le remplis de meubles rares, de porcelaines précieuses, de tentures admirables, de tableaux des meilleurs maîtres. On crut que mademoiselle de Maran devenait folle, car les énormes dépenses que je faisais chez elle lui étaient nécessairement attribuées. Elle le laissait croire, et moi aussi pour mille raisons que vous sentez bien.

« Mademoiselle de Maran, pendant l'hiver, donna des bals superbes, pendant le carême des concerts excellents, et au printemps des soirées champêtres dans son immense jardin, où j'avais fait des prodiges.

« L'hôtel de Maran devint la maison la plus agréable, la plus recherchée de Paris. Mademoiselle de Maran avait de plus une loge à l'Opéra et une aux Bouffons, le tout au moyen des éternels quarante mille francs qu'elle me donnait annuellement.

« Lorsque je lui rendis ses comptes, au bout de la première année, elle se mit à rire aux éclats, déclara que j'étais un enchanteur, et me supplia de continuer d'être son intendant. J'avais dépensé plus de dix mille louis. Il est inutile de vous dire qu'Ursule était la reine de ces fêtes, données pour elle et presque par elle, car elle en faisait les honneurs avec une grâce exquise, une dignité nonpareille. Elle était devenue une excellente musicienne. Dans les concerts de l'hôtel de Maran elle montra un talent du premier ordre. Bientôt on ne parla que d'elle, de son esprit brillant et hardi, de sa gaîté spirituelle et moqueuse, surtout de son audacieuse coquetterie, qui me mettait à la torture et éveillait en moi toutes les fureurs de la jalousie.

« Mademoiselle de Maran subit elle-même l'influence de cette femme séduisante; car elle ensorcelait tout ce qui l'approchait, toujours égale, câline, flatteuse, insinuante avec les femmes, avec les hommes : elle était tour à tour fantasque, brusquement provocante, ou d'une indifférence glaciale ; grâce à ce manège elle avait fini par passer pour énigme vivante, et pouvoir tout risquer, tout oser impunément.

« Contraste étrange ! cette femme, qui jouissait sans scrupules de toutes les dépenses qu'au nom de mademoiselle de Maran je faisais pour elle, me traita avec la dernière dureté, avec le plus outrageant mépris, parce qu'une fois je voulus lui offrir quelques bijoux pour sa fête.

« En y réfléchissant, cela ne m'étonna pas. Ursule est remplie de tact : on sait qu'elle est pauvre, le moindre luxe *personnel* l'eût compromise : elle s'est donc créé une mode à elle, à la fois de la dernière simplicité et d'une extrême élégance. Elle a un cou si charmant, un bras si frais, si blanc et si rond, qu'il y a d'ailleurs de la coquetterie à elle à se passer de colliers et de bracelets.

« Sa toilette consiste toujours pour le soir en une robe de crêpe blanc d'une fraîcheur ravissante et d'un goût adorable; une fleur naturelle dans ses beaux cheveux, un bouquet pareil au corsage : jamais elle ne porte autre chose. Le matin, c'est une petite capote et une robe des plus simples avec un grand châle de cachemire. Vous voyez que les soixante mille francs de sa dot doivent lui suffire longtemps pour son entretien.

« Quant aux magnificences qui l'entourent et dont elle fait les honneurs, elle en est aussi fière, aussi heureuse que si elle en était la maîtresse et non pas le prétexte; car cette femme singulière aime moins la possession que la jouissance du luxe. Cette distinction vous paraîtra subtile. Si vous connaissiez Ursule, vous la trouveriez juste.

« Eh bien, malgré tant de dévouement, malgré tant de sacrifices, souvent... je ne suis pas heureux. J'ai la conscience d'être nécessaire à Ursule, je suis sûr qu'elle ne renoncerait que difficilement à l'empire qu'elle a sur moi... Mais quel empire !

« Après la lettre qu'elle m'avait écrite et qui fut surprise par son mari, elle aurait dû être très embarrassée lors de sa première entrevue avec moi. Il n'en fut rien ; malgré ce que vous appelez ma *rouerie*, je fus plus gêné qu'elle. Cela ne vous étonnerait pas si vous connaissiez la trempe de ce caractère, la souplesse, l'audace, la supériorité de cet esprit.

— « Pensez-vous réellement tout ce que vous m'avez écrit? lui dis-je avec amertume.

« Elle se prit à rire, car cette femme rit toujours, et me répondit :

— « Êtes-vous de ces gens aveugles qui
« confondent le présent et le passé! Ce qui
« était vrai hier ne peut-il pas être faux au-
« jourd'hui, et ce qui était faux hier ne peut-
« il pas être vrai à cette heure ! Ne vous oc-
« cupez donc pas de pénétrer si j'ai pensé ou
« non ce que je vous ai écrit dans des circon-
« stances différentes de celles où je vous re-
« vois. Vous m'aimez, dites-vous ; faites donc
« que je vous aime, ou que je semble vous ai-
« mer. Me forcer à feindre un sentiment que

« je ne ressens pas est plus flatteur encore
« que de m'inspirer un sentiment que j'avoue.
« Si je vous aime sincèrement, votre cœur
« sera flatté ; si je simule cet amour, votre or-
« gueil triomphera. De toute façon votre rôle
« est assez beau j'espère. »

« Que répondre à de tels paradoxes, à de telles folies, surtout lorsque ces folies sont murmurées à votre oreille par une bouche de corail aux dents perlées, aux lèvres fraîches, sensuelles et pourprées, dont les coins se sont veloutés depuis peu d'un imperceptible duvet noir... Que répondre lorsque ces paroles sont accompagnées d'un regard profond, ardent, voluptueux... Oh ! vous ne savez pas la puissance magnétique de ces deux grands yeux bleus qui sous leurs longs cils et leurs minces sourcils d'ébène, vous dardent, quand ils le veulent, la passion jusqu'au fond du cœur... ou se plaisent méchamment à vous glacer par leur dédain moqueur... Non, non on ne rencontrera jamais des yeux pareils. . . . .
. . . .

« Je ne reculai donc devant aucun sacrifice. Alors commença pour moi une vie d'agitation continuelle... car cette femme est incompréhensible, impénétrable; je ne sais encore ce que je suis pour elle.

« Tantôt elle semble éprouver pour moi un amour irrésistible auquel elle cède parfois avec une sorte de tendre dépit. Vous dire ce qu'elle est alors... vous dire ce qu'elle est dans ces rares moments d'ivresse et d'abandon m'est impossible.... aussi impossible que de vous peindre ses brûlantes langueurs lorsque', succombant au sentiment que je lui inspire, elle me maudit avec une grâce si enchanteresse et si passionnée.

« Tenez, à cette seule pensée mon cœur bat, mon sang bouillonne, mes joues s'allument, et pourtant cette liaison dure depuis plus de deux ans, et pourtant je suis presque sûr que cette femme me trompe, et pourtant durant ces deux années je n'ai pas eu peut-être un mois de bonheur complet, car à chaque instant cette créature insaisissable m'échappe, me raille, me rejette du ciel dans l'enfer en me laissant au cœur d'affreux doutes que le lendemain elle sait dissiper d'un regard ou d'un sourire...

« Oh ! vous n'imaginez pas ce que c'est que de vivre dans ces alternatives continuelles d'espérance et de désespoir, de joie et de larmes, de colère et d'amour, de méfiance et d'aveuglement ; vous ne savez pas quel art infernal sait lentement filtrer l'ambroisie dont elle pourrait m'enivrer ! Figurez-vous un malheureux dont les lèvres sont desséchées et à qui l'on distillerait goutte à goutte à de longs intervalles l'eau limpide et fraîche qui pourrait apaiser la soif...

« Oh ! dites, dites, ne serait-ce pas rendre sa soif plus inextinguible, plus cruelle encore? Dites, ne serait-ce pas à mourir de rage?... Telle est pourtant ma vie... sans cesse dévorée d'amour... Ursule ne m'accorde jamais assez pour satisfaire ma passion, et toujours assez pour l'irriter et pour rendre ainsi sa domination plus despotique encore.

« Oh ! la créature infernale... Elle sait bien que d'un souvenir ardent naissent d'ardentes espérances, et que ce qui est inassouvi est toujours éternel.

« Tel est le secret de ma faiblesse de ma lâcheté, de ma honte. Tel est aussi le secret de ma joie insensée, délirante, lorsqu'Ursule daigne être pour moi une femme et non pas un démon insolent et moqueur.

« Tantôt encore elle sait me persuader ou plutôt je me persuade que, malgré tous ses désolants caprices, Ursule m'aime ardemment, et que sa conduite bizarre est calculée pour me tromper sur l'amour qu'elle a pour moi ; amour dont son orgueil se révolte. Tantôt je crois que c'est pour conserver plus longtemps mon cœur, qu'elle feint l'inconstance et le dédain, parce qu'elle sait que la satiété me viendrait peut-être si je n'avais plus d'inquiétude sur la sincérité de son affection... Je vois alors une preuve de violente passion dans ce qui d'autres fois me révolte et m'indigne.

« Enfin, dans mes jours de soupçons, je me figure qu'elle ne m'aime pas, qu'elle me tolère parce que je trouve le moyen de flatter ses goûts et ses penchants.

« N'est-ce pas que c'est affreux ? Oh ! la misérable ! elle sait bien que ce sont ces doutes irritants qui font sa force, elle le sait bien !

« Si je me croyais ingénument, stupidement aimé comme je l'ai été par ma femme et par bien d'autres, l'indifférence, le dégoût viendraient bien vite... de même que si je me croyais impudemment joué, je l'abandonnerais sans hésiter... Malédiction ! Qui m'éclairera donc ? que pensez-vous vous-même ? Et encore non, moi seul puis juger de cela ; si j'en suis incapable, vous ne réussirez pas mieux que moi.

« Ce qui m'est encore douloureux, c'est la lutte de mon orgueil et de mon amour-propre : mademoiselle de Maran évite avec soin tout ce qui, aux yeux du monde, pourrait ressembler de sa part à une tolérance coupable ; j'ai revendu la maison que j'avais achetée à M. de Rochegune, et je me suis logé assez près de l'hôtel de Maran ; à Auteuil, j'ai un pied à terre, et mes droits apparents ne sortent pas des limites d'une intimité ordinaire. Quant à Ursule, elle est pour moi dans le monde comme pour tous les hommes qui s'occupent d'elle, ni plus, ni moins, et beaucoup de mes amis demandent encore si je suis heureux ou non.

« Tantôt je me révolte à la pensée qu'un *bonheur* qui me coûte si cher soit ignoré, et je suis assez *jeune* pour songer à compromettre

Ursule; d'autres fois, craignant d'être trompé et de passer pour un homme ridicule, je contribue à égarer l'opinion en nommant moi-même mes rivaux.

« Oh! tenez, voici encore une des plaies de cet indigne et brûlant amour; c'est de ne pas savoir si Ursule me trompe! Je l'ai fait suivre. Peut-être s'en est-elle aperçue, car l'on n'a rien découvert : cela ne m'a pas rassuré. Je crois plus à son adresse qu'à sa vertu.

« Ce qui est encore affreux dans de pareils amours, c'est que les bassesses, les trahisons que l'on a commises sont autant de liens qui vous enchaînent à votre fatale idole... Quelquefois je m'indigne de ce qu'Ursule ne me tienne pas assez compte du mal que j'ai fait, des douleurs que je cause; car cet argent que je dissipe à pleines mains... c'est la fortune de ma femme qui vit seule et malheureuse... Mais ces réflexions me trouvent impitoyable; j'ai assez de mes chagrins sans songer à ceux des autres; et puis c'est une question d'argent après tout, et je n'ai jamais su ce que c'était que l'argent... Toute ma terreur est de penser à ce que je deviendrai quand cette fortune sera dissipée. Ursule s'accommodera-t-elle toujours de la maison plus restreinte de mademoiselle de Maran ? car celle-ci ne la quittera plus ; elle vieillit et elle avoue l'horreur qu'elle aurait pour la solitude... Pour rien au monde elle ne voudrait maintenant se séparer d'Ursule... Mais moi... moi, que deviendrai-je ?

« Pour conjurer ces fatales pensées, je veux vous donner un exemple de ma persévérance et de mon soin à prévenir les plus frivoles caprices de cette femme.

« Il y a deux mois environ, elle me boudait ; jamais je n'avais été plus malheureux, c'est-à-dire plus amoureux. Voici pourquoi. Ursule ayant eu la fantaisie de jouer la comédie à l'hôtel de Maran, un théâtre avait été élevé comme par enchantement ; Ursule y avait montré un talent incroyable dans le rôle de Célimène du *Misanthrope,* et, par un de ces contrastes qu'elle affectionne, elle avait voulu jouer ensuite un rôle de mademoiselle Déjazet dans une petite pièce très graveleuse : c'était à devenir amoureux fou d'Ursule, si l'on ne l'eût été déjà.

« Tout le monde resta stupéfait. Les gens les plus prévenus furent forcés de convenir qu'après mademoiselle Mars personne n'avait joué Célimène avec autant de grâce, de finesse, d'esprit, et surtout avec un plus grand air; quant à la petite pièce, Ursule avait au moins rivalisé avec mademoiselle Déjazet pour la malice et l'effronterie libertine : enfin, son succès dans ces deux ouvrages si différents avait été véritablement inouï.

« Transporté d'amour et d'orgueil, je vins joindre mes éloges à ceux de la foule; savez-vous ce qu'Ursule me répondit avec son insolence et son cynisme habituel!

« — Lorsqu'une femme du monde joue la
« comédie, son amant est le dernier qui doive
« se féliciter de la voir si parfaite comédienne. »

« Puis pendant quelques jours elle me bouda, et se compromit assez gravement avec lord C***, homme très aimable et très à la mode.

« Cette fois je fus sur le point de rompre avec Ursule; un caprice de cette étrange créature, en me jetant dans une de ces folles dépenses, qu'elle prenait à tâche de provoquer, me remit sous le joug plus épris que jamais.

« Sachez d'abord que j'avais fait construire au milieu du jardin de l'hôtel de Maran un très grand châlet suisse; au printemps, il servait de salle de bal; à l'intérieur ses murs étaient recouverts de sapin rustique, ornés d'une incrustation de bois des îles d'un vert tendre représentant des guirlandes de vignes.

« J'arrive sombre et chagrin. Ursule était dans le châlet avec mademoiselle de Maran et lord C***. Au milieu de la conversation, Ursule dit en montrant les murs du pavillon :

« — Mon Dieu! qu'une tenture tout en fleurs naturelles serait ravissante! Comme l'intérieur de ce châlet ainsi tapissé serait admirable! Il est bien dommage que ce soit un rêve de fée.

« Lord C*** et mademoiselle de Maran s'écrièrent qu'en effet une telle idée était impossible à réaliser. Ursule me jeta un de ces regards dont elle connaissait la puissance et parla d'autre chose; je la compris.

« Le lendemain les murs intérieurs du châlet disparaissaient sous une véritable tenture de fleurs naturelles; des treillis de jonc très serrés avaient été couverts de jasmins, d'œillets blancs, de roses blanches, tellement pressés et symétriquement arrangés, que cette masse de fleurs formait un fond très uni, d'une blancheur de neige, sur lequel de gros bouquets de roses étaient régulièrement disposés et attachés avec des flots de rubans de satin bleu-ciel, ainsi que cela se voit dans les tapisseries.

« Il est impossible de dire ce qu'il m'avait fallu d'argent, de soins, de volonté pour rassembler en vingt-quatre heures cette énorme quantité de fleurs, car il y avait peut-être cent pieds de lambris à recouvrir en entier.

« Ursule daigna se montrer sensible à cette attention, me pardonner les tourments qu'elle m'avait fait souffrir, et je fus encore le plus fortuné des hommes.

« Une autre fois, un soir, à la campagne, à Auteuil, par un magnifique clair de lune, on parlait de l'ouverture d'un nouvel opéra-comique d'Auber, alors fort en vogue; l'on en vantait l'harmonie à la fois savante et mélodieuse. Ursule, qui prenait plaisir à me mettre au défi, dit en me regardant : — « Quel dom-
« mage que cette délicieuse musique ne puisse

« nous arriver de Paris avec cette faible brise...
« qui murmure dans les arbres du jardin. »

« Il était six heures. Je sors un moment. Je reviens, je trouve le moyen de retenir Ursule et mademoiselle de Maran jusqu'à près de minuit. On entend tout-à-coup dans le lointain cette ouverture jouée à grand orchestre, et arrivant, ainsi que l'avait désiré Ursule, *avec la faible brise qui murmurait dans les arbres du jardin.*

« Cela vous semble tenir du prodige, rien n'était plus simple. A peine Ursule avait-elle exprimé ce désir, que j'avais aussitôt envoyé deux de mes gens à Paris; ils y arrivaient en vingt minutes : l'un obtenait pour une somme considérable que le chef d'Orchestre de l'Opéra-Comique vînt après le spectacle à Auteuil avec ses instrumentistes ; l'autre s'occupait de trouver des voitures de remise et de les tenir attelées à la porte du théâtre avec des chevaux de poste pour amener rapidement les musiciens et leurs instruments. Cet opéra était assez étudié pour être exécuté sans la partition. Le spectacle finit à onze heures ; une heure après, l'orchestre entier était à Auteuil, caché dans un massif, et réalisait ainsi un caprice d'Ursule.

« Cette fois j'eus à peine un remerciement ; je l'avais habituée à de telles surprises en ce genre qu'elle s'était blâsée sur les prodiges que j'opérais à force d'or.

« Poussé à bout par tant d'insolence, d'ingratitude et de dureté, j'osai récriminer, parler des sacrifices de toutes sortes que je lui avais faits, de ma femme que j'abandonnais, de sa fortune que je dissipais. Ursule, prenant des airs de fierté glaciale et de mépris écrasant, me demanda ce que je voulais dire, si j'étais un homme d'assez mauvais goût pour lui reprocher une *sérénade* ou un *bouquet* (faisant allusion à la tenture de fleurs et à l'orchestre invisible) ! Quant à mes autres *sacrifices*, elle ne me comprenait pas du tout. Mademoiselle de Maran s'ennuyant seule, la voyant isolée, lui avait proposé, à elle Ursule, de venir habiter l'hôtel de Maran, et de l'aider à en faire les honneurs. Cette maison était fort agréable sans doute, grâce à l'économie bien entendue que je mettais dans les dépenses de mademoiselle de Maran ; mais elle, Ursule, quelle obligation personnelle pouvait-elle m'en avoir ? Ne m'avait-elle pas exprimé toute son indignation, une fois que je m'étais permis de lui offrir quelques bijoux ?

« Tout cela était vrai. Par un de ces contrastes inexplicables si nombreux dans le caractère d'Ursule, je vous le répète, elle eût rougi d'accepter un diamant, et elle n'hésitait pas à faire les honneurs d'une maison dont je soutenais secrètement l'énorme dépense, et elle n'hésitait pas à me jeter, avec une sorte de joie méchante, dans les plus folles, dans les plus stériles prodigalités.

« Enfin, lorsque désespéré, furieux de me voir ainsi traité, je lui reprochais d'être mon mauvais génie, Ursule riait aux éclats, me répondait audacieusement : — « Je vous avais
« bien dit de toujours vous défier de moi lors-
« que je semblerais éprouver pour vous autre
« chose que de l'indifférence ou du dédain,
« pouvant bien quelque jour me mettre en tête
« de venger *Mathilde*. Or, ce que je vous avais
« prédit est arrivé : JE VENGE MATHILDE. »

« Le lendemain, un mot tendre de sa part me fit encore oublier ses mépris...

« Tenez, j'ai beau mettre mon inconcevable conduite sur le compte d'un de ces amours insensés dont il y a tant d'exemples, malgré moi... oui... malgré moi, je crois qu'il y a là quelque chose de fatal... Je suis devenu superstitieux : je vous dis que cette femme est fatale.

« Il y a dans sa joie quelque chose de sombre ; dans son influence, dans sa fascination quelque chose d'étrange.

« Mademoiselle de Maran me dit quelquefois : — « Je ne me suis jamais attachée à per« sonne ; personne ne m'a jamais dominée, et « voilà que je ne puis plus me passer de cette « jeune femme. Je sais qu'elle est malicieuse « comme un démon, mais c'est égal, il me « semble que le feu de ses grands yeux bleus « éclaire tout autour de moi. » Mademoiselle de Maran a raison, ses yeux rayonnent d'un éclat extraordinaire ; on dirait que la lumière dont ils brillent provient d'un foyer de lumière intérieure.... Allons, je me tais, vous riez et vous m'accusez de croire au diable...

« Adieu, j'ai la tête en feu ; cette pensée rétrospective sur ces années passées me fait l'effet d'un songe douloureux.

« Que pensez-vous de tout ceci ! répondez-moi, conseillez-moi, plaignez-moi.

« G. DE LANCRY. »

CHAPITRE V.

RENCONTRE.

Après la lecture de cette lettre, je ne sus ce qui l'emportait dans mon âme, de l'indignation, de la pitié ou du mépris pour M. de Lancry ; si j'avais conservé quelque regret du passé ou quelque sentiment de haine contre mon mari, j'aurais été bien cruellement vengée ou désolée.

Je ne pus néanmoins m'empêcher de sourire avec amertume en songeant aux sacrifices que mon mari faisait pour une femme qui le méprisait, tandis qu'il m'avait traitée avec la dernière dureté lorsque j'étais venue lui demander de changer de place le chenil de ses chiens, et de m'accorder une modique somme pour une œuvre pieuse.

Ce qui me frappa aussi profondément dans cette lettre, ce fut l'espèce d'effroi, de faiblesse superstitieuse qui perçait dans les dernières lignes ; les âmes mauvaises, les esprits orgueilleux sont toujours portés à attribuer leurs excès ou leurs crimes à la fatalité, à une cause surnaturelle, plutôt que de l'attribuer à l'infirmité et à la perversité de leur nature.

Et puis enfin, dernier trait bien digne d'observation : cet homme, autrefois si brillant, si insolemment fat et heureux, si méprisant des larmes qu'il faisait répandre, si froidement égoïste, si blasé sur les adorations, se voyait, dans cet amour, aussi humble, aussi moqué, aussi ridiculisé qu'un tuteur de comédie ; pourtant cet homme était jeune, beau, riche, spirituel ! En vérité la vengeance du ciel prend toutes les formes — disais-je. — Quelle forme prendra-t-elle pour atteindre Ursule ?

Je ne pouvais plus en douter, M. de Lancry marchait à grands pas vers sa ruine. Il ne lui restait plus que le prix de notre terre de Maran que j'avais rachetée secrètement. La portion d'héritage de M. de Mortagne, qui était tombée dans la communauté de biens, allait aussi être engloutie. Si indifférente que je fusse aux questions d'argent depuis la mort de mon enfant, j'étais cruellement blessée de voir ma fortune personnelle servir à alimenter le luxe de Mademoiselle de Maran et à satisfaire les caprices insensés de ma cousine.

Malheureusement, mon contrat de mariage était tel, que je ne pouvais en rien m'opposer aux folles prodigalités de mon mari. Ma seule ressource eût été dans un procès, dans une demande en séparation, mais pour rien au monde je n'aurais voulu descendre à ces extrémités et voir mon nom mêlé à de scandaleuses révélations; j'ai toujours eu la pudeur du chagrin : à peine j'avais confié les miens à madame de Richeville. Je ne pouvais songer à mettre le public dans la confidence de ces misères.

Je me résignai donc à supporter ce que je ne pouvais empêcher. La modestie de mes goûts et de mes habitudes me rendait d'ailleurs ce sacrifice moins pénible. . . . .
. . . .

Les prévisions de madame de Richeville ne l'avaient pas trompée ; ses soins, son amitié, la bienveillance des personnes que je voyais souvent chez elle effacèrent bientôt jusqu'aux dernières traces de mon ancienne tristesse : je jouis enfin d'un calme qui n'était pas de l'anéantissement, d'un repos qui n'était pas de la stupeur ; si ce n'était pas le bonheur, c'était du moins la cessation absolue de la souffrance.

Cet état de transition me paraissait plein de charme ; il ressemblait beaucoup à ce doux et léger engourdissement, à ce vague bien-être qui succède aux douloureuses maladies.

Une expérience due au hasard me prouva que ma guérison était complète.

Un jour je me promenais en voiture au bois de Boulogne avec madame de Richeville, je vis passer très rapidement deux femmes à cheval accompagnées de plusieurs hommes : c'était Ursule, la princesse Ksernika, M. le duc de Versac, M. de Lancry, lord C. et deux ou trois autres personnes dont je ne sais pas les noms.

Ma cousine montait avec sa grâce et sa

hardiesse habituelles une jument, Stella, qui nous avait appartenu. Notre voiture allait au pas. Ursule et mon mari me reconnurent parfaitement ; ma cousine, avec une rare effronterie, me montra M. de Lancry, d'un regard moqueur... Mon mari rougit beaucoup et n'eut pas l'air de m'apercevoir.

Cette cavalcade passa.

Madame de Richeville m'observait avec anxiété...

Mon cœur se serra ; mais cette impression s'effaça rapidement...

En retournant à Paris nous vîmes Ursule, la princesse Ksernika et le duc de Versac revenir du bois de Boulogne dans une charmante calèche à quatre chevaux menés en Daumont. Les gens portaient la livrée de mademoiselle de Maran. M. de Lancry suivait de près en tilbury. A cette nouvelle épreuve, madame de Richeville me regarda encore... Je souris.

— Allons — me dit-elle — vous êtes complètement guérie.

C'était un mardi, autant que je puis m'en souvenir.

Je venais de prendre ce jour de loge aux

Bouffons avec madame de Richeville; elle avait offert une place à la princesse et au prince d'Héricourt. Nous étions arrivés depuis quelque temps, lorsque, par un singulier hasard, Ursule et mademoiselle de Maran accompagnées de M. le duc de Versac entrèrent bientôt après dans une loge du même rang que la nôtre.

J'avais prié madame de Richeville, malgré ses refus, de se mettre sur le devant à côté de la princesse d'Héricourt; presque cachée dans l'ombre, je pus donc sans être vue observer la scène siuvante.

Ma cousine était selon son habitude, mise avec la plus parfaite simplicité : elle portait une robe blanche, une écharpe de gaz très légère semblait entourer d'un brouillard neigeux ses charmantes épaules, qui, aux grandes lumières avaient l'éclat et le poli du marbre : deux camélias cerise gracieusement posés dans ses beaux cheveux bruns, dont les boucles ondulaient jusque sur son sein, à son corsage un bouquet de fleurs pareilles à la coiffure, telle était sa parure.

La jalousie ne m'avait jamais aveuglée, je

trouvai Ursule peut-être encore plus jolie qu'autrefois; ses traits, son maintien, avaient pris une nuance de dignité ou plutôt de hauteur qui balançait la hardiesse de son regard et la liberté de ses paroles : car elle était disait-on quelquefois avec les hommes d'une incroyable licence de langage.

Mademoiselle de Maran toujours fidèle à sa robe carmélite, à son tour de cheveux noirs et à son bonnet garni de soucis, me parut très vieillie, très changée ; ses yeux seulement avaient conservé leur vivacité vipérine, et brillaient sous ses épais sourcils gris.

Pendant l'entr'acte la loge de mademoiselle de Maran fut continuellement remplie de visiteurs appartenant à ce qu'il y avait de plus élégant dans la meilleure compagnie.

Je vis alors Ursule dans tout l'éclat de son triomphe et de ses succès. Elle avait dit qu'elle voulait-être... et qu'elle serait la femme la plus à la mode de Paris. Elle avait réussi, et semblait vraiment née pour le rôle qu'elle jouait.

Le feu de ses regards, ses gestes animés mais toujours charmants, ses éclats de rire doux et frais, son grand air quelquefois quitté pour de petites mines agaçantes ou moqueuses, tout annonçait en elle une longue habitude de chercher à plaire et à être remarquée.

Parmi les hommes qui vinrent saluer Ursule je vis M. Gaston de Senneville, la *fleur des pois* de ce temps-là, comme disait sa tante madame de Richeville. Ma cousine parut l'accueillir avec une distinction particulière, pendant qu'un autre visiteur plus grave, M. le chargé d'affaires de Saxe, je crois, causait avec mademoiselle de Maran.

Plusieurs fois M. de Senneville prit familièment la lorgnette d'Ursule, lui parla à voix basse, rit aux éclats avec elle, se pencha pour regarder quelques personnes qu'elle lui désignait sans doute, enfin il affecta ce petit manége d'intimité que les jeunes gens sont toujours enchantés d'afficher lorsqu'il s'agit d'une femme à la mode.

De son côté ma cousine redoubla de coquetterie : voulant lui faire sentir le parfum du colossal bouquet qu'elle portait à la main, elle se pencha en arrière et cambra sa jolie taille en se retournant à demi vers M. de Senneville qui parut nécessairement aspirer avec délices l'odeur embaumée de ces belles fleurs. Quoique cette préférence ne fût pas rigoureusement de bon goût de la part d'Ursule, j'avoue qu'il était impossible de mettre dans ce mouvement plus de charme et de grâce provocante.

Par hasard presqu'en cet instant, je jetai les yeux sur une loge placée en face de celle de mademoiselle de Maran, et je vis à travers la lucarne ouverte la figure pâle et contractée de mon mari.

Placé dans le corridor il épiait sans doute Ursule, dont l'attitude et les manières devaient singulièrement exciter sa jalousie.

Au bout de quelques instants, M. de Lancry disparut, et vint à son tour saluer mademoiselle de Maran. Étant beaucoup plus jeune que le chargé d'affaires de Saxe, M. de Senneville fut obligé de céder sa place à mon mari; ce qu'il fit non sans avoir en riant pris quelques fleurs au bouquet d'Ursule, et en avoir triomphalement orné sa boutonnière. Monsieur de Lancry semblait au supplice; il échangea quelques mots avec mademoiselle de Maran.

Après le départ de M. de Senneville, Ursule avait brusquement repris sa lorgnette d'un air contrarié, sans donner un regard à M. de Lancry, elle lorgnait impitoyablement tous les points de la salle. Par deux fois mon mari lui parla, elle ne l'entendit pas ou feignit de ne pas l'entendre; il fallut qu'il lui touchât légèrement le bras pour qu'elle parût s'apercevoir de sa présence. Elle lui donna la main avec distraction, lui répondit à peine quelques mots et se remit à lorgner.

M. de Lancry ne put réprimer un mouvement d'impatience et de colère et se remit à causer avec le chargé d'affaires de Saxe et avec mademoiselle de Maran.

Le matin, grâce à la rapidité de la course d'Ursule, j'avais à peine entrevu M. de Lancry. Je le regardai plus à loisir : sa figure amaigrie, fatiguée révélait les chagrins, les jalousies que sa lettre m'avait fait connaître ; ce n'était plus comme autrefois un homme brillant et léger parce qu'il n'aimait pas, moqueur et hardi parce qu'il était sûr de plaire et de dominer, il était alors sombre et inquiet, humble et résigné, parce qu'il aimait passionnément et qu'on le raillait à son tour.

Lorsque Ursule fut fatiguée de lorgner, M. de Lancry lui adressa de nouveau la parole, mais cette fois avec une sorte de timidité triste. Je connaissais assez la physionomie de cette femme pour voir, à son port impérieux au sourire railleur qui releva le coin de ses lèvres, pour voir dis-je, qu'elle répondait par des sarcasmes aux reproches indirects de mon mari. Enfin M. de Versac rentra. La toile se leva, cette scène qui paraissait si pénible à M. de Lancry cessa aux premiers accords de l'orchestre.

Un violent ressentiment d'indignation me traversa le cœur en songeant à l'affreux désespoir dans lequel M. Sécherin, insensible aux pieuses consolations maternelles, consumait solitairement ses jours pendant que sa femme, riante, heureuse, se livrait effrontément à son penchant pour la galanterie et pour les plaisirs.

J'avais fait toutes ces observations du fond de la loge où j'étais pour ainsi dire cachée.

Madame de Richeville et la princesse, devinant les pensées qui devaient m'agiter à la vue d'Ursule, avaient constamment causé ensemble pour ne pas me distraire.

Le prince était sorti, je pus donc me livrer à de pénibles réflexions.

Cette soirée ne fut pas vaine pour moi; elle me prouva que je ne ressentais plus pour M. de Lancry que la pitié mêlée de dédain que j'aurais ressentie pour un étranger qui se fût trouvé dans cette position fausse et honteuse.

Peu à peu mes idées se rassérénèrent.

Ce que devait souffrir M. de Lancry me rappela tout ce que j'avais souffert. Je bénis le ciel de m'avoir délivrée de ces horribles anxiétés en tarissant en moi la source de tout amour, car je voyais la garantie de mon bonheur à venir dans l'impossibilité où je me croyais d'éprouver jamais ce sentiment.

. . . .

Peu de jours avant mon arrivée à Paris, M. de Rochegune était parti pour une de ses terres où quelques affaires l'appelaient. Il en revint peu de temps après la rencontre que j'avais faite de ma cousine aux Italiens.

Le souvenir de M. de Rochegune était resté

dans ma pensée intimement lié à celui de M. de Mortagne. Gravement dévoué pour moi, d'un caractère sérieux, d'une philantropie éclairée, on lui témoignait généralement tant de déférence que, malgré sa jeunesse, je m'étais habituée à le considérer comme un homme d'un âge mûr, car il en avait les qualités solides et sûres.

Au fort de mes malheurs, encore sous le charme de mon mari, et songeant que j'aurais pu épouser M. de Rochegune, je m'étais avoué presque à ma honte que je n'aurais jamais pu l'aimer d'amour, tant son austère bonté prévalait alors de peu sur les grâces séduisantes de M. de Lancry.

Madame de Richeville, en me parlant quelquefois de M. de Rochegune, m'avait dit que depuis son retour d'Orient il avait pris dans le monde une attitude ferme et hardie, en tout digne de l'indépendance et de la noblesse de son caractère, au lieu de s'effacer, comme autrefois, dans une froide réserve. Impatiente de revoir M. de Rochegune, autant par affectueux souvenir que par curiosité, je fus enchantée d'apprendre son retour à Paris.

Un soir, vers les dix heures, traversant une petite galerie vitrée que j'avais fait construire pour pouvoir communiquer de mon pavillon à la maison de madame de Richeville, j'arrivai chez elle.

Je ne sais pourquoi il y a des salons privilégiés, dont l'arrangement, dont les proportions invitent à la causerie et à l'intimité. Celui de madame de Richeville était de ce nombre; j'y ai passé de si douces soirées que je ne puis résister au plaisir d'en donner une esquisse : l'aspect des lieux qu'on a aimés semble augmenter encore la réalité des souvenirs.

Une première pièce ornée de bons et anciens tableaux conduisait au salon où madame de Richeville se tenait habituellement, salon tendu de damas vert, étoffe commune à la tenture, aux rideaux, aux portières et aux meubles de bois dorés sculptés dans le meilleur goût du siècle de Louis XIV.

Au coin de la cheminée était une large causeuse que madame de Richeville partageait ce soir-là avec le prince d'Héricourt, grand et beau vieillard à cheveux blancs, d'une figure pleine de noblesse, de calme et de sérénité; de l'autre côté de la cheminée était la princesse d'Héricourt. Son pâle et doux visage exprimait à la fois la dignité et la plus angélique mansuétude; elle portait ses cheveux gris bouclés sous son bonnet avec une sorte de coquetterie de vieillesse. Tout en causant avec madame de Semur, cette bonne princesse ne pouvait s'empêcher de regarder quelquefois le prince d'Héricourt avec une sorte de sollicitude tendre et satisfaite.

J'étais toujours émue à la vue de ces deux vieillards, qui avaient traversé d'un pas ferme tant d'époques désastreuses en s'appuyant l'un sur l'autre, et arrivaient au terme de leur longue carrière le front haut, le sourire aux lèvres et les yeux au ciel.

Madame de Semur, assise à côté de la princesse, offrait avec elle un contraste frappant : c'était une femme de quarante ans à peine, dont la physionomie, à la fois noble et piquante, semblait résoudre un problème insoluble : allier le plus grand air du monde aux mobiles vivacités de l'esprit le plus pétillant et le plus imprévu. Enfin, près de la table à thé placée entre les deux fenêtres de ce salon, Emma travaillait à sa tapisserie.

Pour achever ce tableau, qu'on l'éclaire de plusieurs lampes de porcelaine de Chine dont la trop vive lumière, affaiblie par des abat-jour, fait çà et là briller, dans le clair-obscur, l'or des boiseries blanches, les cadres des tableaux, les bronzes des meubles, les peintures des vases de Sèvres ou les vives couleurs des fleurs qu'ils contiennent; qu'on fasse jouer les joyeuses lueurs du foyer sur d'épais tapis amarante; qu'on parfume légèrement ce salon, bien clos et bien chaud, d'*essence de bouquet*, odeur anglaise que madame de Richeville aimait beaucoup, et que je ne puis encore sentir, à cette heure, sans que ce temps déjà si lointain ne surgisse tout-à-coup à ma pensée (certains parfums et certaines mélodies doublent chez moi la puissance des souvenirs), et l'on pourra se faire une idée du plus charmant asile qui ait jamais été ouvert aux longues et douces causeries d'une société intime et choisie.

CHAPITRE VI.

LE RÉCIT.

Lorsque j'entrai dans le salon. Emma se leva pour m'offrir ce qu'elle appelait *mon fauteuil* : c'était une petite bergère assez basse ; car cette chère enfant avait remarqué que je choisissais ce siége de préférence. Je la baisai au front pour la remercier de cette prévenance, et je serrai affectueusement la main du prince d'Héricout.

— Qu'il est dommage que vous arriviez si tard, ma chère Mathilde ! —me dit madame de Richeville, — le prince nous racontait une des vaillantes prouesses d'un de nos amis ! Cela vous eût bien intéressée.

— Et de qui s'agit-il donc? — demandai-je.

— De M. de Rochegune — dit madame de Semur — c'est un vrai Cid; il mérite d'avoir sa place dans le romancero moderne.

— Allons, allons — dit le prince en souriant avec bonté — au risque de passer pour un radoteur, je vais recommencer l'histoire de mon Cid pour madame de Lancry; elle m'en saura gré.

— Et moi aussi — dit madame de Semur. — Tout-à-l'heure, j'ai été émue malgré moi. Cette fois-ci, je serai sur mes gardes, et je pourrai me moquer de votre héros, car il n'y a rien de plus insupportable que d'avoir autant à admirer.

— L'entendez-vous?... — dit en souriant madame de Richeville à la princesse. — Et elle niera encore qu'elle adore le paradoxe!

— Mais c'est tout simple — reprit madame de Semur. — Quand on sort de ces enthousiasmes-là, on a l'air de bourgeois qui reviennent de la cour. Ainsi, prince, soyez assez bon pour recommencer le récit de ce beau trait, afin que je puisse en rire à mon aise.

— Je me joins à madame de Semur pour

vous prier de raconter de nouveau cette belle action — dis-je au prince — bien certaine d'ailleurs que cette complaisance vous coûtera peu... les hommes à bonnes fortunes sont toujours si heureux, dit-on, de parler de galanterie.

— Oh! je comprends — me dit le prince en souriant — je comprends... Vous m'adressez de charmants compliments pour m'empêcher de dire tout ce que je pense de vous... Mais que j'en trouve l'occasion, et je serai inexorable; vous aurez beau flatter mon orgueil, je ne ménagerai pas votre modestie... Mais, puisque vous le désirez, je recommence le récit que je faisais à ces dames.

— Vous savez peut-être, Mesdames — dit le prince d'Héricourt — que Rochegune se battit si bien pour la cause des Crecs, qu'il fut nommé colonel d'un de leurs trois régiments de cavalerie; régiment que d'ailleurs il avait créé et équipé à ses frais, et auquel, par une touchante pensée d'amitié, il avait donné l'uniforme des hussards dont M. de Mortagne avait fait partie sous l'empire. Cet uniforme était, je crois, blanc et or, à collet bleu, Si j'insiste sur ce détail, c'est pour vous préparer à une autre marque de souvenir non moins touchante et d'une portée véritablement belle et grande... que vous serez bien forcée d'admirer, Madame — dit le prince à madame de Semur — et d'admirer sans regrets.

— Nous verrons, nous verrons, car je vous écoute, prince, je vous en avertis, avec toutes sortes d'ombrageuses défiances ; on juge un avocat par la cause qu'il défend.

— Tâchons donc de gagner la nôtre, — dit le prince en riant ; et il reprit : — L'indépendance de la Grèce proclamée et assurée, Rochegune fit un voyage en Russie ; c'était au moment de la guerre de cette puissance contre les Circassiens. Curieux d'assister à ces opérations, parfaitement accueilli par l'empereur, il fit en curieux, ou plutôt en volontaire, la campagne du Caucase. Grièvement blessé dans une charge de cavalerie à laquelle il prit une part brillante, il eut de plus son cheval tué sous lui. Rochegune, épuisé par le sang qu'il perdait, ne put se dégager, et resta sans connaissance sur le champ de bataille. Lorsqu'il revint à lui, ce fut un moment terrible : il se trouvait seul au milieu d'un steppe immense et solitaire, que la lune éclairait de sa pâle clarté; la neige tombait lentement; il était déjà à moitié enseveli sous une couche glacée, lorsqu'il sortit de son évanouissement.

— C'est affreux — dit madame de Richeville. — Ce désert couvert de neige lui fit l'effet d'un immense linceul... M. de Rochegune m'a dit que telle fut la première réflexion qui lui vint, car il m'a déjà raconté cette circonstance en m'apprenant comment il avait été blessé, mais en me cachant la suite de cette aventure romanesque.

— Je le crois bien — dit la princesse; — elle était trop honorable pour lui.

— Et je l'ai sue, moi — dit le prince — pas plus tard qu'hier, par un aide-de-camp de l'empereur. Cet officier a fait cette guerre avec Rochegune, et c'est de lui que je tiens tous ces détails. Notre ami se trouva donc seul, la nuit, au milieu d'une solitude profonde, paralysé par le froid et par sa blessure, et ayant à peine la force de se débarrasser de la neige qui s'amoncelait sur lui; enfin il entendit au loin le sourd piétinement d'une troupe de cavalerie;

ignorant si elle était amie ou ennemie, mais préférant la mort à son horrible position, il appela de toutes ses forces quelques cavaliers éclaireurs qui par bonheur passèrent près de lui ; ils l'entendirent, s'approchèrent : il fut sauvé. Ces cavaliers appartenaient à un corps de cosaques du *Don* que le mouvement de la bataille avait placé momentanément à l'arrière-garde de l'armée ; ces cosaques irréguliers, aussi farouches que leurs chevaux sauvages, obéissaient aveuglément au viel *hetman* qui les commandait. Rochegune fut conduit à ce chef de horde, qui le prit en croupe après avoir pansé ses blessures. Cet *hetman* était, me dit l'aide-de-camp, une espèce de patriarche guerrier, d'un courage et d'une physionomie dignes de l'antiquité. Rochegune lui devait la vie ; il contracta de ce jour avec lui une amitié de frère d'armes, quitta l'état-major de l'armée où il aurait enduré beaucoup moins de privations, et partagea désormais l'existence aventureuse et pénible des cavaliers de l'hetman, qui servaient d'éclaireurs et d'enfants perdus à l'armée, ne reposaient jamais sous une tente, couchaient sur la terre ou sur la neige. Ce n'est pas tout : ils couraient d'autant plus de dangers qu'ils faisaient une guerre sans merci, presque sans prisonniers, n'accordant ni ne demandant de quartier aux Tartares qui, comme eux, massacraient femmes, enfants, vieillards.

— Pardon, prince, si je vous interromps — dit en riant madame de Semur ; — mais j'étais bien sûre qu'en entendant une seconde fois les hauts faits de votre protégé, je trouverais de quoi ne plus l'admirer autant... Voyez un peu! par goût pour les aventures, il va s'allier à une troupe de bandits et d'assassins... et il reste témoin de leurs atrocités... par reconnaissance!...

Le prince se mit à rire et répondit :

— Et c'est justement, Madame, à propos de ces atrocités dont M. de Rochegune est témoin, que votre admiration pour lui sera vivement excitée.

— Comment?

— Cela tient du prodige...

— Alors, prince, arrivons donc vite à cette fin que nous ignorons aussi bien que madame de Lancry, car c'est ici que vous vous êtes arrêté tout-à-l'heure.

Le prince reprit :

— Rochegune, bien décidé à n'abandonner son hetman que lorsqu'il lui aurait rendu un service égal à celui qu'il en avait reçu, n'attendit pas longtemps l'occasion de s'acquitter dignement. J'oubliais de vous dire que l'hetman avait deux fils qui servaient comme simples cavaliers dans sa troupe; il les aimait comme un loup aime ses petits, les lançait sans sourciller au milieu des plus grands dangers, et puis, l'action finie, il les étreignait sur sa poitrine avec une sorte de joie sauvage et des rugissements de bête fauve. L'intrépidité naturelle à Rochegune, l'affection que lui témoignait l'hetman dont il partageait vaillamment les dangers et les privations, lui acquirent bientôt une grande influence sur ces hordes. Une reconnaissance d'avant-postes, composée de quelques cavaliers parmi lesquels étaient les deux fils de l'hetman, tomba dans une embuscade placée au bord d'un torrent. Presque tous les cosaques furent massacrés, et les eaux apportèrent au camp de l'hetman ceux des cadavres qui n'étaient pas brisés parmi les rochers.

— Ah! c'est horrible, s'écria madame de Semur; — on dirait une page de roman moderne, le timide essai d'une jeune fille de lettres qui s'essaie en rougissant...

— Écoutez alors la péripétie — reprit le prince. — En apprenant ce malheur, le vieil hetman reste stupéfait, inerte. A ce moment, un aide-de-camp du feld-maréchal (l'officier russe dont je vous ai parlé) accourt ordonner à l'hetman de se porter avec sa masse de cavaliers sur un point qu'il désigne. L'hetman fait machinalement un signe de tête... Plein de confiance dans ce vieux soldat, et pressé de porter d'autres ordres, l'aide-de-camp ne croit pas nécessaire de s'assurer par lui-même de l'exécution de la manœuvre qu'il est venu commander; il se dirige au galop sur un autre point. Rochegune sait bien la guerre; quoique jeune, il la fait depuis longtemps. Comprenant l'importance de ce mouvement qui doit-être exécuté avec la rapidité de la foudre, il reste stupéfait de l'immobilité de l'hetman, il lui parle, il lui rappelle l'ordre qu'il vient de recevoir... il n'en peut tirer une parole. Chaque minute de retard compromettait le salut de l'armée et la vie de l'hetman, car son inaction méritait la mort. Pour le tirer de l'anéantissement où l'avait plongé la nouvelle du massacre de ses deux fils, Rochegune prit un parti désespéré et dit à l'hetman : — *A cheval... à cheval...* Le vieillard le regarde et secoue la tête. — *C'est pour retrouver tes fils !* — s'écrie notre ami... Un éclair brille dans les yeux du vieillard. — *Mes fils !* — s'écrie-t-il — *où sont-ils ?* — *Suis-moi... tu les trouveras !* — dit Rochegune, et il saute à cheval en se dirigeant vers le point indiqué par l'aide-de-camp : — *Mes fils... mes fils !* — s'écrie le vieillard en sautant à cheval à son tour pour atteindre Rochegune qui gagnait du terrain. Les cosaques se pressent sur les traces de leur hetman : cette masse de cavalerie s'ébranle ; Rochegune la guide et la précède, suivi de près par le vieil hetman criant toujours : — *Mes fils... mes fils !* — *Suis-moi* — répondait Rochegune. Les lignes ennemies sont en vue. Rochegune les montre à l'hetman en lui disant : — *Tes fils sont là.* Le vieillard pousse un cri de rage et fond sur l'ennemi ; une horrible mêlée s'engage ; une fois au milieu du feu l'hetman revient à lui. Rochegune, qui ne le quitte pas, lui explique en deux mots ce qui arrive. Le vieillard, reprenant son sang-froid, combat avec sa valeur accoutumée. Par un miraculeux hasard, Rochegune, en chargeant un gros de cavaliers circassiens qui opéraient lentement leur retraite, les culbuta et les força d'abandonner dans leur fuite un cheval de bât sur lequel étaient garrottés les deux prisonniers...

— Les deux fils du vieil hetman ! s'écria madame de Richeville. — Quel bonheur !...

— Justement, Madame — reprit le prince ; — ils étaient criblés de blessures ; l'ennemi les avait seuls épargnés lors de l'embuscade, et les gardait en ôtage. Vous concevez la joie de Rochegune en ramenant ces deux enfants à leur père. Celui-ci, à cette vue croisa ses deux bras sur sa poitrine, mit un genou en terre et baisa pieusement la main de Rochegune. Pour apprécier la signification de cet acte, il faut savoir qu'il n'y a qu'à l'empereur que ces chefs de hordes rendent un pareil hommage, et puis, chez ces peuples sauvages, il est inouï qu'un vieillard se soit jamais agenouillé devant un jeune homme. « *Je t'avais sauvé la vie, tu m'as sauvé l'honneur* — dit le vieillard ; — *je devrais donc te sauver encore une fois la vie pour être quitte envers toi ; tu me rends encore mes fils : que faire pour m'acquitter ?* — Voici les propres paroles de notre ami, telles que me les a rapportées l'aide-de-camp qui était venu complimenter l'hetman sur la charge brillante de ses cosaques : — « *Toi et tes fils,* — dit Rochegune — *jurez-moi d'épargner désormais les femmes et les enfants ou les vieillards qui vous tomberont sous la main, et de leur dire Vivez au nom de...* » — Ici le prince s'interrompit.

— Au nom de qui ? — nous écriâmes-nous...

Le prince sourit et dit :

— Ceci n'est pas mon secret, qu'il vous suffise de savoir que l'hetman et ses enfants firent et tinrent ce serment. Le nom qu'avait prononcé Rochegune fut si peu oublié dans cette horde, m'a dit l'officier russe qui a terminé cette campagne, que l'an passé, à la fin de la guerre, il était pour l'hetman aussi sacré que le serment qu'il avait fait à notre intrépide et généreux compatriote...

— Ceci est digne des beaux jours de la chevalerie errante — s'écria madame de Semur — et pour compléter le roman... ce nom est certainement celui d'une farouche beauté que...

— Permettez-moi de vous interrompre — dit le prince d'un air sérieux — pour vous affirmer que ce nom méritait... et mérite toujours d'être prononcé avec autant d'intérêt que de respect ; je vous abandonne notre cher chevalier errant, mais je vous demande grâce pour ce nom mystérieux... que vous connaissez...

— Que je connais... — s'écria madame de Semur.

— Oui, Madame, et que vous avez dit vingt fois, car c'est celui d'une personne que vous aimez... enfin c'est un nom qui mérite à tous égards de servir de symbole à une action généreuse et Rochegune ne pouvait rendre un plus digne hommage à la personne qui porte ce nom...

— Ah ! prince, que vous êtes cruel ! s'écria madame de Richeville — dites-nous-le donc ?

— Cela m'est impossible, Madame, vous approuverez vous-même mon silence... quand vous en saurez la cause... je ne veux pas enlever à Rochegune le plaisir de vous l'apprendre.

—Mais avant qu'il ne vienne, il y a de quoi mourir de curiosité — dit madame de Semur. —Voyons, prince, laissez-vous attendrir. Pour vous décider, je vous déclare très sérieusement que je trouve admirable la conduite de M. de Rochegune ; son moyen de rappeler l'hetman à lui-même en lui disant : « Suivez-moi, je sais où sont vos fils... » ne pouvait venir que d'un esprit généreux qui sait combien les affections profondes ont de retentissement dans le cœur.

— Et son idée de profiter de la reconnaissance qu'il inspire, pour imposer la clémence à ces barbares!—dit la princesse d'Héricourt ; — cela n'est-il pas aussi une grande pensée ?

— Très belle et très grande — reprit le prince — et qui vous paraîtra peut-être sinon plus belle, du moins plus touchante, lorsque vous saurez le nom...

— Ah ! prince, que vous êtes cruel !... — dit madame de Semur. — On admire tout sans restriction, et rien ne peut vous attendrir...

— Tenez, Madame — dit le prince — j'entends une voiture entrer dans la cour, peut-être est-ce le hasard qui vous envoie notre héros. Adressez-vous à lui...

—Béni soit le hasard, si c'est en effet M. de Rochegune — dit madame de Semur — Le hasard est quelquefois si malencontreux, qu'il devrait bien une fois au moins...

L'entrée de M. de Rochegune interrompit l'invocation de madame de Semur.

Le soleil d'Orient l'avait tellement bronzé, l'expression de sa physionomie était si changée, qu'il était méconnaissable. Le ton bistré de sa figure faisait paraître plus étincelants encore ses grands yeux gris sous ses sourcils noirs. Son visage complètement rasé, à l'exception de ses moustaches brunes, qui faisaient ressortir le rouge foncé de ses lèvres et la blancheur de ses dents, lui donnait un caractère oriental très prononcé. Il était impossible d'oublier ces traits énergiquement accentués. Sa taille grande et svelte, ses vêtements noirs, l'air royal et chevaleresque avec lequel il portait haut et fier son front hâlé et sa moustache brune, lui donnaient la tournure

cavalière et hardie d'un vaillant portrait de
Velasquez ou de Van Dyck. Son allure décidée
n'avait rien de l'effronterie des fanfarons ; elle
annonçait une nature calme et forte, intelligente et énergique. A la courbure de ses lèvres, légèrement arquées, on voyait que le
sarcasme amer pouvait remplacer la généreuse
bienveillance du sourire.

Ravie de revoir M. de Rochegune, je lui dis
cordialement ma joie, qu'il partagea ; en me
parlant du passé, un nuage de tristesse passa
tout à coup sur ses traits ; je devinai qu'il donnait une pensée à M. de Mortagne, mais qu'il
ne trouvait ni le moment ni le lieu convenables pour me parler de cet ami bien cher.

— Savez-vous que vous êtes très dissimulé
au moins ?— dit madame de Richeville à M. de
Rochegune.

— Comment cela, madame la duchesse?

— Certainement ; vous me racontez comment vous avez été blessé, comment vous avez
manqué de périr enseveli sous la neige, comment vous avez été sauvé... mais voilà tout...
vous vous gardez bien de dire un mot de certain vieil hetman...

— De dire un mot de l'immense service que vous lui avez rendu... en lui sauvant l'honneur — dit madame de Semur.

— En lui ramenant ses deux fils — ajouta la princesse.

— En lui faisant promettre à lui et à ses deux fils d'épargner désormais les femmes, les enfants et les vieillards — dit madame de Semur — et de les rendre à la liberté au nom de....

— Voici le mystère. — dit madame de Richeville : ce méchant prince ne veut pas nous dire au nom de qui... vous avez adouci la férocité de ces barbares.

Tous ces reproches s'étaient succédé si rapidement que M. de Rochegune n'avait pu répondre un mot ; au lieu d'affecter une modestie maladroite et embarrassée, il dit noblement et simplement :

—Tout cela est vrai ; mais, prince, permettez-moi de vous demander comment vous savez....

— Ne le lui dites pas qu'il ne nous ait appris ce nom mystérieux — s'écria madame de Richeville.

— Voyez comme il rougit !... — s'écria en riant madame de Semur.

M. de Rochegune avait en effet beaucoup rougi, il avoua franchement au lieu de s'en défendre.

— Oui, je rougis — dit-il en souriant — parce que je ne puis m'empêcher de rougir de reconnaissance en entendant ce nom qui m'a toujours porté bonheur, ce nom, symbole d'un souvenir qui m'a guidé, protégé, conseillé dans bien de graves circonstances de ma vie. Depuis que j'ai prononcé ce nom pour la première fois, il est devenu pour moi comme un talisman ; je professe pour lui l'idolâtrie la plus aveugle. Tenez, on m'a dit ce matin que j'avais fait un bon discours à la chambre des pairs : eh bien ! c'est parce que je l'avais mentalement invoqué, j'en suis sûr !

— Mais — dit madame de Richeville — c'est justement à cause de toutes ces merveilles que nous brûlons de le savoir.

— Ce que vous venez de nous dire là nous rend plus impatientes encore — dit madame de Semur.

— Parlerez-vous enfin ! — s'écria madame

de Richeville. — D'abord nous vous tourmenterons jusqu'à ce que vous nous ayez éclairci ce mystère. Le prince dit que nous connaissons la personne qui porte ce nom..... que nous l'aimons..... Voyons, dites-nous cela.... C'est à en perdre la tête....

— Je serais désolé — reprit sérieusement M. de Rochegune — que vous puissiez croire, Madame, que je crains de dire et de répéter ce nom. Le sentiment qui m'a dicté ce que j'ai fait est trop honorable pour que je ne m'en glorifie pas toujours, partout, et très hautement, je vous jure... Mais je suis certain que le prince pense, comme moi, qu'en ce moment je ne puis satisfaire votre curiosité. S'il est d'un avis contraire... je me rends.

— J'aurais bien envie de vous prier de parler — dit le prince en souriant. — Je me vengerais ainsi de...

— Et de qui — s'écria madame de Semur, voyant l'hésitation du prince.

— De vous, Madame — ajouta-t il gaîment — en vous faisant admirer bien davantage encore ce que vous ne louez qu'à regret. Mais je suis généreux, et je partage l'avis de Rochegune.

— Oh! c'est affreux!... comme ils s'entendent! — s'écria madame de Richeville. — Allons... nous attendrons votre loisir... Mais vous ne serez pas quitte de notre curiosité, monsieur de Rochegune. Il faut que vous la contentiez d'une autre façon.

— Je suis à vos ordres, Madame.

— Eh bien! puisque vous êtes à mes ordres, vous allez me faire, de souvenir, le portrait du vieil hetman sur l'album d'Emma.

Emma, avant que M. de Rochegune n'eût répondu, se leva toute joyeuse, les joues vermeilles, et approcha une table sur laquelle était tout ce qu'il fallait pour dessiner à l'aquarelle.

— Et pour le punir de sa discrétion, il nous chantera sa chanson albanaise des Hirondelles — ajouta la princesse.

— Emma la lui accompagnera, et madame de Lancry sera ravie de l'entendre — dit la duchesse.

Emma, toute joyeuse, alla ouvrir le piano avec le même gracieux empressement.

— Allons, homme mystérieux — dit madame de Richeville — faites-nous vite connaître le visage de ce vieil hetman, que j'aime beaucoup sans le connaître.

— Et dites-nous votre chanson des Hirondelles, que j'aime beaucoup parce que je la connais — dit madame de Semur.

—Par où commencera-t-il, chère princesse? — dit madame de Richeville.

— Par la chanson, car on l'entend encore longtemps après qu'il l'a chantée, tant cette méthode simple et touchante laisse d'écho dans le cœur.

Emma se mit au piano.

M. de Rochegune commença.

C'était un air albanais qu'il avait noté lui-même et dont il avait traduit les paroles. Rien de plus naïf, de plus primitif que ce chant d'une mélancolie ravissante.

Je n'avais jamais entendu la voix de M. de Rochegune ; elle était à la fois sonore, douce et profondément vibrante.

Cette chanson me fit tant de plaisir, que je la lui redemandai ; sans se faire prier, il la recommença de la meilleure grâce du monde.

Emma l'accompagnait à merveille.

Cette première partie de sa tâche si bien accomplie, M. de Rochegune s'occupa de la seconde; il se mit à la table de dessin, et en une demi heure il eut admirablement dessiné à la sépia le portrait de l'hetman des cosaques, dont les traits rudes et sauvages étaient rehaussés par un costume très pittoresque.

J'étais moins étonnée des talents vraiment remarquables de M. de Rochegune, quoique j'ignorasse qu'il les possédât, que de la gracieuse facilité avec laquelle il s'était prêté à tous les désirs qu'on lui avait témoignés.

Je trouvais à la fois surprenant et charmant que ce soldat intrépide, que cet éloquent orateur, que cet homme d'une charité évangélique (car il continuait scrupuleusement à sa terre les traditions philanthropiques de son père), réunit des dons si agréables à des qualités si éminentes et si rares. Et puis il me semble qu'on sait toujours un gré infini aux hommes puissants par l'intelligence, forts par le courage, de se montrer simples, bons et prévenants.

Je n'étais pas seule d'ailleurs à ressentir

ainsi, quoique M. de Rochegune, sans affectation, tâchât de s'amoindrir et de mettre les autres personnes en valeur; il était facile de voir à mille nuances, à mille riens, qu'on lui tenait d'autant plus compte de sa supériorité, qu'il faisait tout au monde pour la faire oublier.

Je me souviendrai toujours de cette soirée si doucement occupée d'arts, de poésie, de voyages, et si tôt passée, grâce au charme d'une intime causerie où l'on avait pour prétention la bienveillance, pour rivalité le désir de plaire.

Pendant que madame de Richeville reconduisait la princesse d'Héricourt, M. de Rochegune me demanda si j'étais chez moi le matin, et si je pourrais lui faire la grâce de le recevoir.

— Si peu précieuse que soit cette grâce que vous me demandez — lui dis-je en souriant — j'ai bien envie d'y mettre à mon tour une condition; je suis beaucoup plus curieuse ou plus opiniâtre que madame de Richeville, et j'aurai beaucoup de peine à attendre jusqu'à demain pour savoir ce nom mystérieux au nom duquel vous faites de si nobles choses.

— Et moi, Madame, je ne pouvais le dire... même devant vos meilleurs amis... non à cause d'eux, ils m'eussent applaudi, je n'en doute pas... mais à cause de vous.

— De moi!... Et pourquoi?

— Pourquoi? — reprit M. de Rochegune. Et il ajouta de l'air du monde le plus naturel, et comme s'il eût dit une chose toute simple :

— Parce que ce nom est le vôtre, parce que ce nom était MATHILDE.

CHAPITRE VII.

UN ANCIEN AMI.

Encore sous l'impression que m'avait causée la révélation de M. de Rochegune, je rentrai chez moi inquiète, contrariée, comme s'il m'eût fait brusquement un aveu d'amour.

Mon embarras n'était pas causé par les susceptibilités d'une fausse pruderie, mais par la crainte de voir mes relations futures avec M. de Rochegune perdre leur caractère loyal et fraternel. Au lieu de m'être agréables, elles me fussent alors devenues gênantes et pénibles par la froide réserve qu'elles m'eussent inspirée.

Cependant, après quelques réflexions, je me rassurai ; je me rappelai les paroles du vénérable prince d'Héricourt. Sachant qu'il s'agissait de moi, il avait tu mon nom pour ménager ma modestie ; mais il avait si ouvertement loué M. de Rochegune dans cette circonstance, celui-ci avait aussi parlé avec tant de franchise à cet égard, que mes scrupules s'apaisèrent.

D'ailleurs, je ne pouvais croire que M. de Rochegune eût voulu me traiter légèrement. Nos rapports avaient été souvent d'une nature extrêmement délicate, et jamais un tel soupçon ne m'était venu.

Il m'avait rendu de très grands services : le premier, au commencement de mon mariage, en venant m'instruire des bruits odieux que M. Lugarto répandait et qu'il tâchait d'accréditer par sa présence auprès de moi ; le second en aidant M. de Mortagne à m'arracher du piège où cet homme infâme m'avait fait tomber.

Dans ces occasions, jamais M. de Rochegune n'était sorti de la réserve la plus parfaite. Jamais il n'avait fait la moindre allusion à l'espoir qu'il avait eu d'obtenir ma main, et aux sentiments qu'il aurait pu éprouver pour moi.

Peu de temps après la nuit fatale de la maison isolée de M. Lugarto, il était parti pour la Grèce; de là il était allé en Russie. Pendant cette campagne meurtrière, il avait rendu une espèce de culte à mon nom, à mon souvenir, ignorant alors s'il me reverrait un jour. Pouvais-je me blesser de cette preuve à la fois généreuse et bizarre de son attachement?

Je me rassurai donc d'autant plus facilement sur l'amour dont j'avais un instant soupçonné M. de Rochegune, que je croyais n'avoir pour lui aucun tendre penchant. J'admirais ses rares facultés, son noble caractère; je lui avais récemment découvert de nouveaux agréments. J'étais sincèrement reconnaissante des services qu'il m'avait rendus; mais je ressentais toujours l'immense différence qui existait entre mon affectueuse amitié pour lui et l'amour que j'avais autrefois éprouvé pour M. de Lancry.

Habituée que j'étais à analyser mes plus fugitives impressions, je me demandai s'il ne m'était pas pénible de songer qu'à vingt ans je devais renoncer à aimer... autant par solidité de principes que par impuissance de cœur. Je vis au contraire, dans ces froides impossibilités, la garantie de mon bonheur futur.

Depuis mon retour à Paris, je me trouvais parfaitement heureuse. La société restreinte et choisie dans laquelle je vivais me comblait de soins, de prévenances. J'avais à aimer madame de Richeville, Emma ; j'avais donc, si cela se peut dire, assez d'occupation de cœur pour ne pas regretter l'absence de sentiments plus vifs.

J'ai oublié de dire que, restant chez moi presque toutes les matinées, je recevais assez souvent les amis de madame de Richeville, qui étaient devenus les miens. Ainsi, dans mes habitudes, la visite de M. de Rochegune n'était nullement un accident.

Je l'attendis avec impatience.

Il vint, je crois, le surlendemain du jour où je l'avais revu pour la première fois. J'étais seule ; il me tendit la main et me dit tristement :

— Je n'ai pu avant-hier vous parler de notre malheureux ami, quoique nous fussions chez une des personnes qu'il aimait le plus au monde. Mais vous avez senti comme moi que ce n'était pas le moment de nous entretenir de ce cruel événement... Ah! si vous saviez tout ce que j'ai perdu en lui!

Et une larme que M. de Rochegune ne chercha pas à cacher roula dans ses yeux.

— Je l'ai aussi bien regretté, et le regrette tous les jours encore... — lui dis-je avec une vive émotion — quand je songe qu'à ses derniers moments sa pensée a encore été pour moi... Ah! c'est une horrible mort, c'est une infernale vengeance!...

M. de Rochegune fronça les sourcils et me dit d'un air sombre :

— J'ai employé tous les moyens possibles pour savoir où était ce misérable Lugarto et pour découvrir les instruments de son lâche guet-apens; car je suis de l'avis de madame de Richeville au sujet de ce duel et de son effroyable issue. Personne ici n'a pu me renseigner; quelques personnes seulement m'ont dit que Lugarto était ou en Amérique ou au Brésil.

J'instruisis alors M. de Rochegune du singulier incident qui avait mis en ma possession une lettre de M. de Lancry écrite à une personne inconnue.

Ce fait le frappa, il me dit qu'il prendrait les mesures nécessaires pour tâcher de savoir si en effet M. Lugarto ne serait pas secrètement à Paris.

— Mais croyez-vous qu'il ose revenir ici? — lui dis-je.

— Je le crains, il est trop lâche pour se battre avec moi, et j'avoue que j'hésiterais à exécuter la terrible menace que lui a faite M. de Mortagne.

— Lui-même aurait reculé devant cette extrémité...

— Je ne sais, son caractère était si intraitable... mais ce qui augmentera l'audace de Lugarto, c'est que ses crimes ne sont pas prouvés; il peut se mettre sous la protection des lois et affronter le scandale d'un procès que l'on peut lui intenter au sujet de votre enlèvement.

— Jamais je n'y consentirais — m'écriai-je — il faudrait soulever trop de questions ignominieuses pour le nom que je porte! Ce triste passé est maintenant pour moi comme un rêve pénible. Tout ce qui en rappellerait la réalité me ferait horreur.

— Vous avez raison, laissez-nous le soin de veiller sur vous ; oubliez, oubliez le passé ! Oh ! nous parviendrons à le chasser de votre souvenir, à force de soins, d'affection. Mortagne vous a léguée à madame de Richeville, à moi, à tous ceux enfin qui ont une âme généreuse. Nous tâcherons d'être pour vous ce qu'il était lui-même, et de vous prouver qu'il n'y a que de bons cœurs sur la terre... Pauvre femme ! vous avez tant souffert, vous avez rencontré tant d'êtres infâmes ou dégradés, que vous ne demanderez pas mieux que de nous croire et de vous laisser aimer, n'est-ce pas ?

Je ne saurais exprimer avec quelle cordialité simple et touchante M. de Rochegune prononça ces paroles.

— Que vous êtes bon ! lui dis-je — que de gratitude je vous ai déjà ! N'avez-vous pas devancé le vœu de M. de Mortagne ? souvenez-vous donc... il y a trois ans...

— Oh ! ne parlons pas de ce que vous me

devez — me dit-il — car je vous ai dû, moi, de bien douces... de bien tendres pensées.

Je ne pus réprimer un léger mouvement d'embarras.

M. de Rochegune me comprit, et me dit en souriant :

—Tenez, une comparaison vous rendra mon idée. Je serais désolé que vous prissiez ceci pour des *galanteries;* vous aimez beaucoup les tableaux, les belles statues, la belle musique; n'est-ce pas?

— Sans doute.

— Vous comprenez qu'on passe des heures entières à contempler la *Transfiguration*, le *Panseroso* ou la *Vierge à l'enfant?*

— Certainement.

— Vous comprenez qu'on écoute avec bonheur, avec reconnaissance, Mozart, Gluck ou Beethoven, vous avouez enfin qu'on peut demander à l'admiration de ces chefs-d'œuvre de l'art les plus divines jouissances, les plus hautes inspirations?

— Mais quel rapport?

— Eh bien! ces divines jouissances, ces hautes inspirations, je les ai demandées à un adorable chef-d'œuvre de la nature, à un être idéal de bonté, de grâce, de noblesse, et je les ai obtenues. Les derniers vœux de mon père, ceux de M. de Mortagne, le pieux respect que m'inspirèrent vos chagrins ont encore augmenté le culte passionné que je vous ai voué. Vous êtes devenue pour moi comme un être intermédiaire entre ce qui est divin. Depuis que je vous connais, c'est à vous que j'ai toujours reporté mes meilleurs instincts, parce qu'ils sont toujours venus de vous : en mêlant votre nom, votre pensée à de généreuses actions, ce n'était pas une flatterie que je vous adressais, c'était un de vos droits que j'acquittais.

— Vous aviez pourtant d'autres souvenirs que le mien à invoquer — lui dis-je pour changer le cours de cet entretien, qui commençait à m'embarrasser — l'homme admirable qui nous a élevé dans de si nobles sentiments...

— Mon père...? il avait pressenti ce que vous seriez... il avait espéré nous unir l'un à l'autre—me répondit gravement M. de Rochegune. — C'est penser à lui que de penser à vous... son souvenir auguste et sacré plane au-dessus de l'attachement que j'ai pour vous... Ainsi, rassurez-vous ; ne me croyez surtout pas capable de vous dire des *galanteries,* de vouloir comme on dit vulgairement, **vous faire la cour...** Vous faire la cour ! On ne fait pas la cour à une femme comme vous... dès qu'on la connaît, on l'aime comme elle mérite d'être aimée. C'est ce que j'ai toujours fait.

— Monsieur de Rochegune...

— Cet aveu... ne peut vous offenser, ne doit même pas vous étonner...

— Cependant...

— Et bien plus, lorsque vous saurez ce que je veux être pour vous, ce que je voudrais que vous fussiez pour moi, vous me saurez gré de cet aveu.

— Vraiment, monsieur?... — lui dis-je, ne pouvant m'empêcher de sourire de sa vivacité.

— Et il se pourra même que vous en soyez heureuse.

— Heureuse?

— Et fière...

— Et fière? Voilà qui est charmant je vous écoute.

— Rien de plus simple. Vous êtes une courageuse femme, aussi jalouse de votre honneur qu'un homme l'est du sien. Vous êtes incapable de commettre une faute autant par solidité de principes que parce que cette faute aurait l'air d'une lâche représaille, et de donner l'ombre d'une excuse à l'indigne conduite de votre mari. Est-ce vrai?

— Cela est vrai, je n'ai jamais pensé autrement.

— Vous le voyez, je fais une large part à l'élévation de vos sentiments. Je les comprends, car je les partage. Mais vous avez vingt ans à peine; devant vous une vie isolée, sans famille, sans liens. A cette heure, l'amitié de madame de Richeville vous suffit encore, vous êtes dans un état de transition, vous prenez la cessation de la souffrance pour le bonheur. Cet état négatif ne durera pas; votre cœur s'éveillera, vous aimerez...

J'interrompis M. de Rochegune.

— Vous avez — lui dis-je — jusqu'ici parlé avec trop de raison et de vérité pour que je tombe d'accord avec vous sur ce dernier point.

Je n'aimerai plus... Une fatale... mais violente passion a tué l'amour dans mon cœur.

— Tué l'amour dans votre cœur ! — s'écria-t-il — mais vous n'avez jamais aimé...

— Je n'ai jamais aimé ?...

— Jamais.

— Voyons, monsieur de Rochegune, parlons-nous sérieusement, ou bien nous livrons-nous aux folies parodoxales de madame de Semur ?

—Je parle sérieusement, je vous le répète, vous n'avez jamais aimé.

— Mais, Monsieur...

—Mais, Madame... Dieu ne veut pas qu'il dépende du premier misérable venu d'allumer ou d'éteindre à jamais dans un cœur tel que le vôtre le plus divin de tous les sentiments, celui qui demande l'emploi des plus rares, des plus magnifiques facultés de l'âme !

Je regardai M. de Rochegune avec étonnement, et je repris :

—Comment... je n'ai pas aimé ! Mais qu'ai-je donc éprouvé, alors ? Pourquoi cet anéantissement du cœur ? pourquoi cette mort de toutes mes espérances ?

—Vous avez pris l'épuisement de la douleur pour l'anéantissement du cœur !.... Est-ce que le cœur s'anéantit? Est-ce qu'on renonce à toute espérance quand on n'a rien à regretter ?...

— Rien à regretter Monsieur...

— Non, vous avez beaucoup à déplorer, mais heureusement vous n'avez rien à regretter; aussi l'avenir vous reste-t-il tout entier avec ses horizons sans bornes...

— L'avenir...

— Sans doute l'avenir, pourquoi non? Qui vous le ferme? Dites-moi qu'une passion noble, grande, profonde, généreusement partagée, mais brusquement brisée par un événement surhumain, laisse dans l'âme des regrets éternels, et la ferme à toute espérance, je vous croirai. Oui, ces regrets seront éternels, parce que leur cause sera pure; éternels, parce qu'au lieu de les étouffer on les entretiendra pieusement; éternels, parce qu'on y trouvera l'amère volupté que donne la conscience d'une douleur inconsolable, parce que le bonheur qu'on a perdu est irréparable. Mais cette pieuse fidélité au culte du passé prouvera-t-elle que l'amour est éteint dans le cœur? Au contraire, elle prouvera qu'il n'y a jamais brûlé plus pur et plus ardent... Eh bien... avez-vous ressenti quelque chose de pareil? Non, sans doute; après avoir affreusement souffert, vous avez fui avec horreur les souvenirs de vos souffrances, vous avez remercié Dieu de vous avoir délivrée de votre bourreau, pauvre et malheureuse femme!

— Cela est vrai... Loin de me complaire dans ces souvenirs détestés... je les ai fuis... Mais si fatal, si honteux même, je vous l'accorde, qu'ait été mon amour, je n'en ai pas moins aimé... Je n'aurais pas, sans cela, épousé M. de Lancry.

— Eh mon Dieu! il y a des surprises de cœur comme il y a des surprises de sens; les séduisants dehors de votre mari, ses hypocrites et douces paroles, votre empressement si naturel d'échapper à la tutèle de votre tante, votre confiance ingénue dans un homme que vous croyiez sincère et loyal, votre générosité native, le manque absolu de comparaison, tout vous a poussée à un mariage indigne de vous. Une fois mariée, une fois malheureuse, vous avez pris votre obéissance aveugle au pouvoir de votre mari, votre courageuse observance de vos devoirs pour le noble dévouement de l'amour, vous avez été vertueuse, résignée... vous vous êtes crue passionnée.

— Mais n'ai-je pas ressenti les tortures de la jalousie?

— Tout s'enchaîne; partant d'une impression fausse, vous vous êtes trompée sur la jalousie comme sur l'amour.

— Je me suis trompée?

— L'ingratitude de votre mari vous a bien plus révoltée que son infidélité.

— Mais pourquoi n'aurais-je pas aimé M. de Lancry?

— Parce qu'il était indigne de vous.

— Comment, vous croyez qu'on n'aime véritablement que les personnes dignes de soi?

— Je crois que vous, Mathilde de Maran, vous ne pouvez aimer, véritablement aimer qu'une personne digne de vous...

— Mais voyez M. Sécherin, il est aussi bon que sa femme est perverse; elle l'a honteusement trompé, et il l'adore.

— Je ne parle pas de M. Sécherin, je ne généralise pas, je précise. Je vous dis que *vous*, vous ne pouvez véritablement aimer que quelqu'un digne de vous.

— Mais pourquoi *moi* plus que toute autre dois-je éprouver ainsi ?

— Parce que l'amour doit être pour vous, comme pour les âmes d'élite, je vous le répète, un magnifique échange de généreux sentiments.

— Vos raisons sont spécieuses, et la vanité pourrait venir en aide à la conviction — dis-je à M. de Rochegune ; — mais je ne suis pas persuadée.

— Vous le serez.

— Mais pourquoi voulez-vous me donner cette conviction : que mon cœur a été surpris, que je n'ai pas véritablement aimé et que je dois aimer quelqu'un digne de moi ?

— Je veux vous donner cette conviction pour vous amener à être heureuse et fière de mon aveu, je vous l'ai dit...

— Expliquez-vous...

— En vous prouvant que vous n'avez jamais aimé, que vous ne pouvez aimer qu'un homme digne de vous, je vous amène nécessairement à avouer que vous aimerez un jour.

— Je n'avoue pas cela du tout... Qui vous dit d'abord que je trouverai cet homme digne de moi ; et puis enfin, qui vous dit que je l'aimerai...

— Tout me le dit. Ce sera une des exigences de votre position ; mais votre caractère, vos principes sont tels, que lorsque vous aimerez il faudra que non-seulement vous puissiez avouer hautement votre amour, mais vous en glorifier à la face du monde...

— Un tel amour est rare...

— Et les hommes dignes de l'éprouver plus rares encore. Aussi vous dis-je que lorsque vous aurez rencontré un de ces hommes, forcément vous l'aimerez, tout vous y poussera, le besoin de votre cœur, la fierté d'être aimée ainsi, les mystérieuses affinités qui rapprochent les âmes supérieures.

— Mais cet homme ?

— Cet homme, si vous le voulez, ce sera moi...

— Vous ?...

— Moi... Je vous dis cela, parce que je me crois digne de vous.

— De la part de tout autre, cette assurance serait le comble de la fatuité — dis-je gravement à M. de Rochegune en lui tendant la main ; — mais vous, je vous crois.... vous aviez raison, je suis heureuse et fière de cet aveu.

— Je vous le disais bien — reprit-il avec une incroyable simplicité.

— J'imiterai votre franchise—dis-je à M. de Rochegune. — Il se peut que mon cœur s'éveille. Si jamais j'éprouvais pour vous un amour tel que celui que vous peignez, un amour dont vous et moi pussions nous enorgueillir ; alors... je vous le jure, je m'y abandonnerais avec bonheur, avec sécurité... Mais, hélas !... l'amour le plus pur, le plus saint... est-il à l'abri des calomnies du monde ?

— Je ne veux pas m'établir le champion du monde, mais le mal qu'il a fait a presque toujours pour cause la dissimulation ou la faiblesse de ceux qui se plaignent. La conscience est troublée, alors on manque de courage. Si vous éprouviez au contraire un sentiment dont vous pussiez être fière, que vous pussiez avouer à la face de tous, pourquoi le cacheriez-vous?

Si vous le faisiez, ce serait une lâcheté, et vous mériteriez d'être calomniée. Vous n'avez rien à vous reprocher ! Alors pourquoi recourir à la feinte, à ces réticences qui accompagnent toujours une conduite coupable ? Pourquoi donc, après tout, la vertu n'aurait-elle pas son audace comme le vice a la sienne ? Pourquoi une femme comme vous et un homme comme moi, je suppose, n'imposeraient-ils pas courageusement à la société leur amour loyal et pur, aussi bien que votre mari et Ursule lui imposent leur double adultère ? Le monde aime la résolution, la hardiesse, eh bien ! que les honnêtes gens soient aussi hardis, aussi résolus que les gens corrompus ; à courage égal, le monde préférera les honnêtes gens : j'en suis sûr.

Je fus charmée de l'expression de noble arrogance qui animait les traits de M. de Rochegune.

— Vous avez raison — lui dis-je entraînée malgré moi par le courant de sa généreuse pensée — il serait beau de réduire la calomnie à l'impuissance en dépassant ouvertement le terme que ses malveillantes insinuations oseraient à peine indiquer.

Après avoir un moment réfléchi, je dis à M. de Rochegune :

— Je vais vous donner une preuve de franchise et de confiance en vous faisant une question étrange : il y a trois ans, pourquoi ne m'avez-vous pas parlé ainsi ?

— Parce qu'il y a trois ans, j'étais plus jeune, et pas assez sûr de moi pour oser vous parler ainsi. Mortagne savait mon amour; il me conseilla fortement de quitter la France, de voyager, d'utiliser ma vie en servant une noble cause, jusqu'à ce que j'eusse acquis assez d'empire sur moi-même pour *dégager l'or de ses scories,* disait-il, pour épurer tellement cet amour que je pusse venir vous l'offrir sans rougir.

— Et si en arrivant vous m'eussiez trouvée consolée de l'abandon de mon mari et aimant dignement un cœur digne du mien...

— Les sentiments élevés et désintéressés sont à l'épreuve des durs mécomptes, si douloureux à l'amour-propre ; dans une circonstance pareille, je vous aurais dit ce que je vous dis, offert ce que je vous offre, et cela devant la personne aimée... car, aimée par vous, elle eût été capable de me comprendre.

— Et si j'avais aimé un homme indigne de moi?

— Cela ne se pouvait pas ; il est des impossibilités morales, comme des impossibilités physiques ; je vous le répète, vous ne pouviez qu'aimer sans rougir.

— Mais si le contraire arrivait, homme opiniâtre?

Après m'avoir un instant regardée en silence, M. de Rochegune me dit avec une expression solennelle qui donnait une grande valeur à ces mots :

— Je douterais de moi-même.

. . . .

Tel fut le singulier et premier entretien que j'eus avec M. de Rochegune.

CHAPITRE VIII.

LES CONFIDENCES.

Je restai assez longtemps avant de ressentir, si cela se peut dire, le contre-coup de mon entretien avec M. de Rochegune.

Il y avait en lui tant de franchise et de loyauté que je n'apportai pas dans nos relations la réserve que son aveu aurait peut-être dû m'imposer.

Je continuai de le voir presque chaque soir chez madame de Richeville, où il venait très assiduement, ainsi que les autres amis de la duchesse, assez souvent aussi je le vis chez moi le matin.

J'avais une telle confiance en moi et en lui

que je me laissais aller sans crainte au charme
de cette affection naissante. Je ne le cachais
pas, j'étais fière et, je le crois, justement fière
des preuves d'attachement que M. de Rochegune m'avait données et de la noble influence
qu'à mon insu j'avais exercée sur sa vie.

Je jouissais de ses succès qui grandissaient
chaque jour. Il parlait rarement à la chambre
des pairs, mais son éloquence faisait vibrer
toutes les âmes généreuses; l'influence de sa
parole était d'autant plus puissante que son indépendance était absolue. Il n'appartenait à
aucun parti, ou plutôt appartenait à tous par
ce qu'ils avaient de noble et d'élevé; partisan
déclaré de ce qui était juste, humain, grand,
vraiment national, il était impitoyable aux lâchetés, aux égoïsmes, aux hypocrisies : ne
s'inféodant à personne, il s'était fait ainsi une
position exceptionnelle, stérile pour les avantages personnels qu'il aurait pu en tirer, admirablement féconde pour les augustes vérités
qu'il répandait en France, en Europe.

Le retentissement de son nom et de son
beau caractère alla si loin, qu'un souverain du
Nord, après avoir résisté à toutes les instances

de la diplomatie française au sujet d'une concession qu'on lui demandait, fit remettre à M. de Rochegune une lettre dans laquelle il l'informait que, quoiqu'il ne le connût pas personnellement, il se faisait un plaisir d'accorder à la considération de son nom et des services qu'il rendait à la cause de l'humanité... ce qu'il avait jusqu'alors refusé.

Il y avait, ce me semble, autant de touchante estime que de haute bienveillance dans cet hommage d'un prince qui, n'ayant eu aucune relation avec M. de Rochegune (absolument étranger à la question qui se traitait), et sachant son désintéressement des emplois publics, trouvait pourtant le moyen de lui faire une noble part dans les affaires du pays, en accordant à la seule influence de son caractère une concession des plus importantes.

Je n'oublierai jamais la joie de M. de Rochegune lorsqu'il vint me confier cette bonne nouvelle, ni la grâce touchante avec laquelle il voulut me persuader que, puisant toutes ses nobles inspirations dans ma pensée, c'était à moi qu'il devait rapporter cette faveur insigne dont il était si fier.

Quoique inespérée, cette grâce combla plus qu'elle n'étonna les amis de M. de Rochegune. Sa philantropie éclairée, son talent d'orateur, les guerres qu'il avait faites, son instruction profonde, variée, en faisaient un personnage très éminent.

Presque tous les étrangers distingués, soit par le savoir, soit par la naissance, tenaient beaucoup à être reçus chez madame de Richeville ; et il était facile de voir que la société de la duchesse aimait à faire montre de M. de Rochegune, qui s'était concilié les plus hautes et les plus flatteuses sympathies.

Et pourtant, une fois dans l'intimité, personne mieux que lui n'avait l'art de faire oublier cette supériorité si éclatante et si reconnue, par une simplicité charmante, par une gaîté douce et communicative. Il avait non-seulement le rare talent de plaire, mais encore celui de donner envie de plaire.

Ses préférences pour moi et, pourquoi ne le dirais-je pas, mes préférences pour lui, car l'affection qui les dictait n'avait rien qui pût me faire rougir, semblaient si naturelles et étaient tellement avouées par nous dans la société de madame de Richeville, qu'on se serait pour ainsi dire fait un scrupule de priver M. de Rochegune du plaisir de m'offrir son bras ou de se placer à côté de moi ; cette bienveillante tolérance, de la part de personnes d'une rigidité connue, prouvait assez combien notre attachement était honorable.

J'avais une tendre amitié pour madame de Richeville ; chaque jour elle me témoignait de nouvelles bontés. Je chérissais Emma comme j'aurais chéri une jeune sœur, jamais je n'avais été plus heureuse.

Je passais presque toutes mes soirées chez madame de Richeville, à l'exception de mes jours de Bouffons et de quelques autres jours où je restais seule à rêver.

Le matin, je faisais quelques promenades, des visites intimes, ou bien je me mettais au piano.

Je me trouvais si bien de cette nouvelle vie calme et intime, que je n'avais pas voulu consentir à aller quelquefois au bal.

Un fait peut-être inouï dans les fastes de la société vint montrer sous un nouveau jour le caractère déjà si excentrique de M. de Rochegune.

Pour comprendre ce qui va suivre, je dois dire, ce que j'avais d'ailleurs très facilement oublié, que M. Gaston de Senneville, neveu de madame de Richeville, s'était occupé de moi, pensant nécessairement que l'évidence des soins de M. de Rochegune et l'évidence non moins grande avec laquelle je les accueillais, constituaient une sorte d'amitié fraternelle qui lui laissait, à lui, M. de Senneville, toutes les chances possibles de m'inspirer un sentiment plus tendre.

Il était fort jeune, il avait, je crois, vingt ans. Madame de Richeville le recevait avec bonté: c'était la nullité dans l'élégance et l'insignifiance dans la bonne grâce la plus parfaite; ayant d'ailleurs des manières excellentes, et suppléant à ce qui lui manquait du côté de l'esprit par un usage du monde si précoce, que ses façons exquisement formalistes faisaient un contraste presque ridicule avec sa jolie figure encore toute juvénile.

Après les enfants savants, les petites filles qui font les *madames*, je ne sais rien de plus fâcheux que les très jeunes gens qui remplacent la gaîté, l'étourderie confiante de leur âge par un aplomb sérieux, par un dédain profond de tout ce qui est franchement joyeux et amusant. Certes, cette cérémonieuse exagération est encore préférable à l'insouciance ou à la familiarité presque grossière de beaucoup d'hommes de la société ; aussi, moi et madame de Richeville, nous ne plaisantions que très intimement de la fatuité grave et compassée de son neveu.

Je l'avais accueilli avec d'autant plus de bienveillance que je ne lui supposais pas la moindre prétention. Il ne m'avait d'ailleurs rendu que de ces hommages que tout homme bien né doit rendre à une femme ; mais, de nos jours, les gens de très bonne compagnie sont si rares, et les hommes s'occupent si peu des femmes, que les moindres égards deviennent presque compromettants. Ainsi, ce qui passait pour du savoir-vivre dans le très petit cercle de madame de Richeville, devait sans doute passer pour une cour très assidue et très éclairée dans une société moins restreinte et moins choisie.

Il fallait la scène que je raconte pour m'éclairer sur les intentions qu'on prêtait à M. de Senneville ou qu'il avait manifestées lui-même, mais dont je n'avais jamais eu le moindre soupçon.

Madame de Richeville entra un matin chez moi et me dit en m'embrassant :

— Vous me voyez folle de joie. Vous êtes l'héroïne d'un fait inouï, incroyable ; on vous aime, on vous admire au-delà de ce qu'on peut imaginer ; on veut vous dédommager de tout ce que vous avez souffert. Quand je vous disais que le monde avait du bon... il vous rend justice. Me voici décidément optimiste.

Madame de Richeville semblait si exaltée que je lui dis en souriant :

— Mais expliquez-moi donc, dites-moi donc comment je suis devenue, sans m'en douter, l'héroïne de ce fait inouï, incroyable?

— Je vais vous dire cela et vous faire rougir... oh ! mais rougir de toutes vos forces, car les louanges ne vous ont pas été épargnées ; mais ce qu'il y a de charmant, c'est que c'est une sottise de mon neveu Gaston de Senneville qui a inspiré à M. de Rochegune les plus éloquentes paroles... et... Mais je vais tout vous dire. Vous savez qu'hier soir, par hasard, j'ai fermé ma porte pour aller au jeudi de madame de Longpré. Je ne pouvais m'en dispenser : il y avait des siècles que je n'y étais allée. Notre bonne princesse et le prince se faisaient les mêmes reproches. J'étais convenue avant-hier avec eux d'aller les prendre; hier nous arrivons tous trois chez madame de Longpré. Je n'estime pas le caractère de cette femme, avec tout son esprit elle manque de courage; elle laisserait atrocement déchirer devant elle le plus dévoué de ce qu'elle appelle ses amis intimes, sans autres observations que des... *Ah! mon Dieu! que me dites-vous là? Je n'aurais jamais cru cela!... Mais est-ce bien vrai?.. C'est sans doute exagéré*, etc. Le prince d'Héricourt va maintenant si peu dans le monde que son arrivée chez madame de Longpré fut presque un événement. Vous ne sauriez croire, ma chère Mathilde, l'effet imposant que produisit sa présence, et comme elle changea presque subitement l'aspect de ce salon au moment où nous entrâmes. On y parlait si bruyamment que c'est à peine si l'on entendit nous annoncer : lorsque le nom du prince retentit, il se fit tout à coup un profond silence ; tous les hommes et même quelques jeunes femmes se levèrent.

— Je pense comme vous — dis-je à madame de Richeville ; — en songeant à ces hommages rendus à un homme aujourd'hui déchu de tant de splendeurs passées, mais qui porte à sa hauteur un des plus beaux noms de France, on se réconcilie avec le monde.

— N'est-ce pas ? Mais attendez la fin, vous vous étonnerez bien davantage. Il est inutile de vous dire que madame de Longpré voit tout Paris ; sa maison est curieuse, parce qu'on y rencontre les sommités (vraies ou contestées) de toutes les opinions et de toutes les sociétés. Après l'arrivée du prince et de sa femme, madame de Longpré, qui après tout fait à merveille les honneurs de chez elle, au lieu d'encourager selon son habitude une conversation maligne ou méchante monta l'entretien sur un ton digne de ses nouveaux hôtes. Quelques moments après arriva M. de Rochegune. Son discours d'avant-hier à la chambre des pairs avait eu un grand retentissement ;

tous les yeux se tournèrent vers lui. Le prince lui tendit la main et l'accueillit comme toujours, avec cette affectueuse cordialité qui devient une précieuse distinction. D'autres personnes arrivèrent, parmi celles-ci, mon cher neveu Gaston de Senneville, superlativement bien cravaté, un ravissant bouquet à sa boutonnière et se présentant, vous le savez, avec cette aisance compassée, cette grâce étudiée qui vous font rire...

— Et qui vous désespèrent.

—Certainement, je suis très bonne parente, et il y a de quoi se désoler... Il y avait donc grand monde chez madame de Longpré. Il faut que je vous nombre les personnes qui se trouvaient là : vous saurez pourquoi. Il y avait entre autres madame de Ksernika et son sauvage de mari, ce qui m'a ravie : vous saurez encore pourquoi. Il y avait madame l'ambassadrice d'Autriche; ce qui m'a encore ravie dans un autre sens, parce que rien de ce qui est délicat et élevé ne peut lui échapper. Il y avait encore (il arrivait en même temps que nous) ce grand homme d'État, de qui M. de Talleyraud a si merveilleusement bien dit *Il impose et repose.*

— Impossible de le mieux peindre — dis-je à madame de Richeville. — Mais n'aimez-vous pas aussi beaucoup le portrait que le prince d'Héricourt faisait de lui l'autre jour :

« *Au contraire de presque tous les hommes, il sait se faire aimer par sa mâle fermeté, res-pecter par sa grâce exquise, séduire par les facultés les plus sérieuses et être populaire par l'illustration de sa naissance.* »

— Je trouve ce portrait aussi très ressemblant — me dit madame de Richeville — quoiqu'encore loin de l'original, car il est aussi difficile de rendre les nuances d'un noble caractère que d'une belle physionomie. Que vous dirai-je? on trouvait réunie chez madame de Longpré l'élite de Paris, et je fus ravie de voir ainsi le monde au grand complet être témoin de la scène que je vais vous raconter.

— Dites donc vite, car je meurs d'impatience.

Madame de Richeville continua :

— M. de Rochegune causait près de la cheminée avec madame de Longpré. On vint à parler du dernier concert du Conservatoire où nous étions ensemble, et l'on me demanda si vous étiez bonne musicienne ; c'est à ce propos que la conversation s'engagea sur vous.— Certainement—répondis-je—et il est malheureux pour les amis de madame de Lancry qu'elle soit d'une insurmontable timidité ; car elle les prive souvent du plaisir de l'entendre : elle a une excellente méthode et un goût parfait... La première fois que j'ai entendu madame de Lancry parler — dit M. de Rochegune — j'ai été certain qu'elle devait chanter à merveille ; le timbre de sa voix est si musical, que le chant chez elle n'est pas un talent, mais une sorte de langage naturel. — Madame de Ksernika, qui ne vous pardonne pas sans doute, ma chère Mathilde, le mal qu'elle a voulu vous faire autrefois, sourit d'un air perfide et dit doucereusement à M. de Rochegune, voulant sans doute l'embarrasser : Vous êtes un des grands admirateurs de madame de Lancry, Monsieur. — Oui, Madame, mais je l'aime peut-être encore plus tendrement que je ne l'admire — dit M. de Rochegune d'une voix si ferme, d'un ton si franc, si respectueux, si passionné, que, malgré sa singularité, cet aveu public sembla la chose du monde la plus convenable.

— Je sais mieux que personne la loyauté de M. de Rochegune — dis-je à madame de Richeville en rougissant. — Que devant vous et vos amis il ait la franchise de son attachement pour moi, soit ; mais devant des personnes dont la bienveillance ne m'est pas assurée...

— Vous êtes injuste, ma chère Mathilde ; la fin de ceci vous prouvera que notre ami a au contraire parfaitement agi. Madame Ksernika releva, bien entendu, le mot de *tendrement,* et dit à M. de Rochegune en minaudant et pour lui porter un coup dangereux : — Voici qui est au moins très-indiscret. Savez-vous que c'est une espèce de déclaration qui pourra bien revenir aux oreilles de madame de Lancry ?
— Eh !... croyez-vous, Madame — dit M. de Rochegune — qu'il n'y a pas longtemps que j'ai déclaré à madame de Lancry que je l'aimais passionnément ? Madame de Ksernika prit un air étonné, effaré, baissa les yeux, les releva, les baissa encore avec une expression de pudeur alarmée, et dit enfin : — Je suis dé-

solée, Monsieur, d'avoir par une plaisanterie, provoqué une réponse dont les conséquences peuvent être aussi graves pour la réputation de madame de Lancry et... — M. de Rochegune ne la laissa pas achever, et lui dit de l'air du monde le plus naturel : — Et pourquoi donc, Madame, la réputation de madame de Lancry souffrirait-elle de ce que j'ai dit? Ne doit-on pas s'enorgueillir de l'admiration et de l'amour qu'on éprouve pour elle? ne se fait-on pas gloire d'être sensible à tout ce qui est noble et grand? faut-il dissimuler son enthousiasme, parce que c'est une femme jeune et charmante qui a une âme noble et grande ? — Non, sans doute, Monsieur, reprit madame de Ksernika avec son sourire perfide. Seulement, cet enthousiasme pourrait faire supposer aux médisants que la personne qui l'inspire n'y est pas insensible... — Mais tout ce que je désire, c'est que les médisants soient des premiers convaincus que madame de Lancry n'est pas du tout insensible à l'enthousiasme qu'elle m'inspire — s'écria M. de Rochegune en jetant sur madame de Ksernica un regard de mépris sévère.—Les médisants!... Mais si par hasard vous en connaissez, Madame, faites-moi donc la grâce de leur dire que madame de Lancry sait le profond amour qu'elle m'inspire, qu'elle a pour moi un attachement sincère, que je la vois chaque jour, et qu'il n'y a pas de bonheur comparable à celui que je goûte dans cette intimité charmante.—M. de Rochegune, en établissant ainsi fièrement et hardiment une intimité que les insinuations de madame de Ksernika voulaient laisser dans un demi-jour perfide, renversait le méchant échafaudage de cette femme; tout interdite, elle voulut appeler à son aide mon neveu Gaston de Senneville, qui s'était, à ce qu'il paraît, déclaré votre adorateur, et avait laissé croire que vous ne repoussiez pas ses prétentions.

— Mais M. de Senneville ne m'a jamais dit un mot qui pût me le faire supposer — m'écriai-je... — et jamais moi-même...

— Mon Dieu, ma chère enfant, je le sais bien — me dit madame de Richeville en m'interrompant; — aussi vous allez voir comme mon neveu a été puni de son outrecuidance. Les loyales paroles de M. de Rochegune l'avaient déjà mis très mal à son aise, comme

bien vous pensez. Il devint pourpre. Madame
de Ksernika lui dit en le regardant d'un air
moqueur : — Eh bien ! monsieur de Senneville, que pensez-vous des idées de M. de Rochegune sur la discrétion ? — Mon malheureux
neveu ne brille pas par l'improvisation. Il
fallut pourtant parler, sous peine de passer
pour un sot. Vous allez voir qu'il ne gagna pas
beaucoup à rompre le silence. Il répondit donc
d'un air sentencieux à la question de madame
de Ksernika : — Je trouve, Madame, que
M. de Rochegune ne paraît pas faire cas du
mystère en amour, et je ne puis être de son
avis ; il y a tant de charme dans l'obscurité
que... dans le demi-jour que l'on... Et puis ce
fut tout ; impossible à Gaston d'aller plus loin.
Sa voix s'altéra, tous les regards s'attachèrent
sur lui, il balbutia, toussa ; M. de Rochegune
en eut pitié et lui répondit d'abord avec une
sorte d'affabilité presque paternelle, puis en
s'animant peu-à-peu : — Je vous assure, mon
cher monsieur de Senneville, que je sais tout
le prix de l'ombre et du mystère... par exemple, pour une beauté douteuse, ou sur le retour, pour une lâche perfidie, pour un amour

menteur ou coupable; mais, voyez-vous, lorsqu'il s'agit d'une beauté aussi pure, aussi éclatante qu'un beau marbre antique éclairé des premiers rayons du soleil (c'est pour madame de Lancry que je dis cela) — ajouta-t-il par une parenthèse moqueuse en regardant fixement madame de Ksernika; — mais lorsqu'il s'agit d'un sentiment qui fait l'orgueil et le bonheur de ceux qui le partagent (c'est de mon amour dont je parle ainsi); pour mettre cette beauté, cet amour en lumière, je ne sais pas de jour assez radieux, d'azur assez limpide, de voix assez sonore, d'adoration assez retentissante... Alors en comparant les divines jouissances que l'on goûte ainsi, le cœur fier, le front haut, l'œil hardi, à de ténébreux plaisirs, honteux et craintifs, je me demande qui a jamais pu comparer l'aigle au hibou, le soldat à l'assassin, l'honneur à l'infamie, ce qui s'avoue à ce qui se cache, ce qui se dit à ce qui se tait; je vous demande enfin à vous-même, Madame, si dans ce moment je ne dois pas être mille fois plus heureux de pouvoir prononcer tout haut le nom de la femme que j'aime, que d'être forcé de balbutier en rougissant ce nom chéri ou de le profaner par mon impudence. — Jamais, s'écria madame de Richeville avec exaltation, vous ne pourrez vous imaginer, ma chère Mathilde, l'admirable expression des traits de M. de Rochegune pendant qu'il parlait ainsi, le feu de son regard, la puissance, la fierté de son geste, l'accent ému, passionné de sa voix, son attitude à la fois si calme et si impérieuse! Que vous dirai-je? l'impression qu'il produisit fut électrique; tous ceux qui assistaient à cette scène, Gaston, madame de Ksernika elle-même, partagèrent le chevaleresque enthousiasme de M. de Rochegune durant un de ces moments si rares, si fugitifs, où toutes les âmes montées à un généreux unisson vibrent noblement à de fières et éloquentes paroles. Ce n'est pas tout : la première exaltation apaisée, le prince d'Héricourt, comme pour donner une consécration suprême aux paroles de M. de Rochegune, le prince d'Héricourt dont la voix a tant d'autorité, vous le savez, en matières de principes et d'honneur, s'écria en prenant dans ses mains la main de M. de Rochegune : — Bien, bien, mon ami, qu'une fois au moins il soit bien proclamé et prouvé à la face du monde qu'il est des amours si élevés si honorables, que ceux qui les partagent peuvent prendre tous les gens de bien et de cœur pour confidents ; soyez sûr que la société acceptera cet amour aussi loyalement qu'il est posé devant elle. Il vous appartenait, à vous et à une jeune femme dont je ne prononce le nom qu'avec le respectueux intérêt qu'elle mérite, de faire revivre de nos jours l'une de ces pures et saintes affections qui exaltent les belles âmes jusqu'à l'héroïsme.

— Vous avez raison, mon ami — ajouta la vénérable princesse d'Héricourt. — Au moins une pauvre jeune femme qui a bien souffert saura que si le monde a été malheureusement impuissant à lui épargner d'affreux chagrins, il lui a tenu compte du courage, de la pieuse résignation qu'elle a montrée, et qu'il lui témoigna sa sympathie en respectant les consolations qu'elle cherche dans un sentiment dont les personnes les plus austères se glorifieraient. — Espérons aussi — dit le prince d'une voix imposante et sévère — que ce qui s'est dit ici aura un retentissement salutaire... que ces paroles parviendront jusqu'à ceux qui

croient que la société n'a ni le pouvoir ni l'énergie de châtier les lâches excès que la justice humaine ne peut atteindre. Qu'une fois au moins, et puisse cet exemple être fécond ! la voix publique flétrisse un homme indigne et le punisse en prononçant contre lui une sorte de divorce moral ; que cette voix dise à la noble et malheureuse femme de cet homme :
— « A celui qui vous a abreuvée de chagrins
« et d'outrages, à celui qui s'est séparé de
« vous pour se déshonorer par une vie d'un
« cynisme révoltant, à celui-là vous ne devez
« plus rien, Madame, rien que de conserver
« son nom sans tache, parce que son nom est
« désormais le vôtre... Votre cœur est blessé,
« pauvre femme ; après avoir longtemps souf-
« fert et pleuré en silence, vous trouvez de
« douces consolations dans un attachement
« aussi dévoué que délicat. Ni Dieu ni les
« hommes ne peuvent vous blâmer. » Ce sentiment est noble, pur et franc, le monde y applaudit, sa médisance l'épargne ! Encore une fois, honneur et gloire à vous, mon ami — ajouta le prince en serrant avec une nouvelle émotion la main de M. de Rochegune dans les

siennes. — Désormais, au moins, deux cœurs malheureux, et séparés par les lois humaines, pourront sans crainte chercher le bonheur dans un sentiment dont ils n'auront pas à rougir... Votre exemple aura été leur guide et leur salut. Si on les calomniait, ils citeraient votre nom, et la calomnie se tairait...

— Mon Dieu! — dis-je à madame de Richeville en essuyant mes yeux, car j'étais profondément émue — mon Dieu! que je regrette qu'il s'agisse de moi, car je ne puis dire assez combien j'admire ce langage!

— Et encore, ma chère Mathilde, je vous le rends mal, je l'affaiblis, j'en suis sûre; et puis comment vous peindre la majesté de la physionomie du prince, le noble courroux qui fit rougir son front sous ses cheveux blancs, lorsqu'il qualifia l'indigne conduite de votre mari, et l'expression d'ineffable bonté avec laquelle il parla de vous! Encore une fois, chère enfant, il faut renoncer à vous rendre l'effet de cette scène; vous savez que le prince et la princesse personnifient l'honneur, la religion, la dignité, la naissance. Jugez donc encore une fois de l'imposante grandeur de cette scène, qui avait pour témoin l'élite de Paris! Maintenant, avez-vous le courage de blâmer M. de Rochegune de son indiscrétion?

— Non, sans doute—m'écriai-je en prenant la main de madame de Richeville — car je dois à son indiscrétion un des plus doux moments de ma vie.

— N'est-ce pas?

— Si ce n'était vous qui me racontiez cela, mon amie, j'aurais de la peine à croire ce que j'entends, tant cette scène me semble loin de nos habitudes, de nos mœurs, de notre temps.

— Mais aussi — s'écria madame de Richeville — croyez-vous que le prince, que la princesse, que M. de Rochegune soient beaucoup de notre temps!... Je ne parle pas de vous, chère enfant, vous me gronderiez; mais croyez-vous qu'il se rencontre souvent un homme d'une loyauté si reconnue, qu'il vous honore et vous place, pour ainsi dire, plus haut encore dans l'opinion publique par un aveu qui, dans la bouche de tout autre, eût à jamais compromis votre réputation? Comment, l'autorité de ce caractère chevaleresque est telle, la confiance qu'il inspire est si grande que des personnes qui représentent ce que la société a de plus éminent, de plus vénéré, consacrent l'amour de cet homme pour une femme qui n'est pas la sienne, tant cet amour est sublime, tant cette femme est digne de cet amour!... Ah! Mathilde... Mathilde... — me dit madame de Richeville avec un accent de bonté et de remords qui me navra — jamais je n'ai mieux senti la distance qui existe entre vous et moi... jamais je n'ai plus amèrement regretté les fautes que j'ai commises...

— Qu'osez-vous dire! — m'écriai-je — voulez-vous mêler quelque amertume à cet hommage que je mérite si peu?... Qu'ai-je donc fait, mon Dieu! pour être digne de ces louanges, de cet intérêt que je dois à votre constante et ingénieuse amitié? N'est-ce pas vous qui avez mis tout l'esprit de votre cœur à faire valoir ma seule qualité bien négative, hélas! la résignation? Mon Dieu! est-ce donc si difficile de souffrir? Ai-je seulement lutté? Ai-je seulement prouvé mon amour par quelque trait de dévouement? Non : je l'aurais fait sans doute, je le crois; mais enfin, l'occasion ne s'est pas présentée. Je n'ai pas montré un de ces caractères énergiques qui se sacrifient courageusement à de nobles infortunes, qui n'hésitent pas entre leur bonheur et celui d'êtres qui méritent l'intérêt et la sympathie des honnêtes gens. Non, non, encore une fois, non; j'ai aimé avec la lâche abnégation d'une esclave un homme indigne de moi, et par cela même mes souffrances ont manqué de grandeur. Ne me comparez donc pas à vous, qui avez su si vaillamment reconquérir mille fois plus que vous n'aviez perdu... Contre quelle séduction ai-je lutté? Cet amour même dont je suis fière, je l'avoue, que m'a-t-il coûté à inspirer?... Rien... Je n'ai eu qu'à me laisser aimer. Ce n'est pas ma fausse modestie qui me donne ces convictions, mais je vous jure, mon amie, que je suis encore à comprendre la passion que j'ai inspirée à M. de Rochegune. Certes, je sens en moi de généreux instincts; mais ce ne sont pas mes pressentiments que M. de Rochegune aime en moi. Enfin, mon amie, on vante la délicatesse, la pureté de cet amour; mais cette délicatesse, cette pureté ne me coûtent pas, je n'ai pas même à lutter contre des ressentiments plus vifs. Si je compare ce que j'éprouve auprès de M. de Rochegune à ce que je ressentais auprès de M. de Lancry avant mon mariage, et pendant les rares moments de bonheur que j'ai goûtés... quelle différence !... Au fond de toutes mes émotions d'alors, si heureuses qu'elles fussent, il y avait toujours de l'embarras, de l'inquiétude; auprès de M. de Rochegune, il n'y a rien de tel. Lorsqu'il est là, j'éprouve un bien-être, une sérénité indicibles; au lieu de précipiter ses pulsations, mon cœur semble battre plus également qu'à l'ordinaire; la présence, la conversation, les aveux mêmes de cet ami bien cher ne me troublent pas; j'éprouve ces épanouissements de l'âme qu'excitent toujours en moi l'admiration de ce qui est généreux et bon, la lecture d'un beau livre, la contemplation d'un noble spectacle, ou le récit d'une action héroïque.

Madame de Richeville me regarda d'abord avec étonnement, puis elle secoua la tête en souriant avec tristesse.

— Tout ce que je désire est que ce calme dure, ma chère Mathilde. Je vous connais; lors même que vos principes ne seraient pas ce qu'ils sont, votre amour est maintenant placé si haut à la face de tous, que vous mourrez plutôt que de renoncer à cette gloire unique, ou de la profaner.

—S'il faut tout vous dire — repris-je en rougissant — je suis quelquefois effrayée de ne pas me sentir plus d'exaltation, plus d'enthousiasme pour M. de Rochegune, quoique j'apprécie mieux que personne ses rares qualités. On dit que l'amour le plus vivace n'est pas celui qui se développe subitement comme ces plantes éphémères qui germent, croissent et meurent en un jour... mais celui qui jette peu à peu ses invisibles racines au plus profond du cœur, mais celui qui croît sourdement et que l'on ne soupçonne pas, parce que ses envahissements sont insensibles... Eh bien! oui, quelquefois je crains que mon calme attachement pour M. de Rochegune ne cache un sentiment plus vif dont je sentirai bientôt peut-être la naissante ardeur... Alors, mon amie... si je résiste à ces entraînements, si j'en triomphe, je serai digne de vos éloges, de ceux que le monde m'accorde; mais à présent... la vertu m'est trop facile pour que je m'enorgueillisse.

. . . .

CHAPITRE IX.

CORRESPONDANCE.

Quelques jours après la conversation que je viens de raconter, je reçus ces deux nouvelles lettres de M. de Lancry par la voie mystérieuse dont j'ai déjà parlé.

Ces lettres, adressées à la même personne inconnue, étaient encore accompagnées d'un bouquet de fleurs vénéneuses, symbole du souvenir de M. Lugarto.

M. DE LANCRY A***.

Paris, mars 1834.

« Tout m'accable à la fois ; c'est à devenir

fou de rage et de honte. Voici maintenant que le monde s'imagine de moraliser et de me mettre au ban de certaines coteries prudes et revêches.

« Je me serais complètement moqué de ces vertueuses philippiques si elles n'avaient pas eu quelque réaction sur cette femme qui semble née pour mon malheur, et que je ne puis, néanmoins, m'empêcher d'aimer plus follement que jamais.

« Quand vous lirez ceci au fond de vos bruyères sauvages, vous vous demanderez, j'en suis sûr, si nous revenons au temps des Amadis et des Galaor.

« Je ne sais si vous avez autrefois rencontré dans le monde un marquis de Rochegune homme assez original, fort riche, aussi philanthrope que l'était son père, bizarrement romanesque, allant en chevalier errant guerroyer çà et là ; brave d'ailleurs, ne manquant pas d'esprit, et parlant à la chambre des pairs, aujourd'hui contre ses amis, demain pour ses ennemis, si amis ou ennemis heurtent ses principes. Du reste homme sans élégance, ne sachant ni jouir ni se faire honneur de sa fortune, car il a plus de trois cent mille livres de rentes et en dépense pour lui à peine soixante, dit-on. On prétend qu'il donne beaucoup en aumônes, mais dans le plus grand secret; c'est plus économique. Quant à sa figure, elle est assez caractérisée, mais dure et sans charme. Cependant les femmes sont si singulières, qu'en Italie, en Espagne, et même à Paris, il a eu assez d'aventures pour pouvoir prétendre à des succès moins sérieux que ceux qu'il ambitionne.

« Après un voyage de deux ou trois ans, il est revenu cet hiver à Paris. Ses traits se sont incroyablement bronzés sous le soleil d'Orient. Cet agrément, joint à d'épaisses moustaches brunes et à quelque chose de hautain, d'âpre et de cassant dans ses manières, lui donne la physionomie d'un bravo italien; mais, avec sa stupidité habituelle, le monde, admirant toujours ce qui est nouveau, s'est engoué de ce philanthrope-matamore, de ce soldat-avocassier, de ce millionnaire avare, et à cette heure on ne jure que par lui.

« Si vous me demandez pourquoi je m'étends avec autant de complaisance sur ce portrait, c'est que M. de Rochegune est tout simplement *l'amant de ma femme...* Ne prenez pas ceci au moins pour du cynisme : en parlant de la sorte, je suis l'écho des gens les plus graves, les plus religieux, qui ont pris ce bel et touchant amour sous leur patronage. Oui, ils ont proclamé madame de Lancry libre de tous liens envers moi ; l'unique condition qu'ils ont mise à ce divorce au petit pied est qu'elle garderait mon nom pur et sans tache. Sauf ces réserves, elle est donc parfaitement autorisée à goûter en paix et au grand jour toutes les chastes douceurs de l'amour platonique avec M. de Rochegune : vu que je suis un misérable, et que j'ai abandonné ma femme pour vivre avec ma maîtresse dans un cynisme révoltant.

« Savez-vous qui s'est ainsi porté *accusateur public* devant la société au nom de ma *compagne* outragée? c'est le vieux prince d'Héricourt, l'homme pur et honorable, le grand seigneur par excellence. Vous m'avouerez qu'il joue là un singulier rôle, d'autant plus singulier que son réquisitoire moral est venu à propos d'une nouvelle excentricité de M. de Rochegune, qui un beau jour a trouvé charmant de déclarer devant tout Paris qu'il aimait passionnément ma femme, et que celle-ci le lui rendait bien, en tout bien en tout honneur, s'entend...

« Là-dessus le vieux prince et la princesse (une angélique dévote, notez bien cela) se sont mis à crier bravo, à féliciter M. de Rochegune de sa franchise. Enfin l'enthousiasme ou plutôt le ridicule engouement a été tel, qu'une femme de mes amies, qui m'a raconté cette scène, m'a avoué, tout en se moquant beaucoup d'elle-même, qu'un moment elle n'avait pu résister à l'exaltation générale.

« Vous le savez, tout est mode à Paris; aussi est-on pour l'instant affolé de ce qu'on appelle la loyauté chevaleresque de M. de Rochegune. Les femmes en perdent la tête, les hommes le jalousent ou le craignent. Madame de Lancry est citée comme un modèle admirable de vertueuse passion ; et pour le quart d'heure, l'amour platonique et ses innocentes consolations font fureur.

« Avec tout ce platonisme-là, je suis quelquefois très tenté de regarder M. de Rochegune comme le plus grand roué que je connaisse. Il n'y aurait rien de plus commode que cette nouvelle manière de conduire une liaison : on afficherait une femme le plus franchement, le plus vertueusement du monde et, à l'abri de ce complaisant et chaste manteau, on rirait des niais et des bonnes âmes...

« Pourtant, non, non, je connais ma femme ; ou elle est incroyablement changée, ou mon nom est toujours resté sans tache. De son côté, Rochegune est assez original pour trouver du piquant dans cet amour éthéré, dont l'immatérialité durera... ce qu'elle pourra.

« Encore une fois, de tout ceci je me moquerais fort si les paroles sévères et gourmées du vieux prince d'Héricourt n'avaient eu pour moi de dures conséquences ; je ne puis le nier, c'est une espèce d'oracle considéré et très écouté ; il a flétri ce qu'il a appelé l'indignité de ma conduite envers ma femme, disant que la société devait venger madame de Lancry en me témoignant une froideur significative. Malheureusement, ces paroles ont eu de l'écho : des rivaux qui m'enviaient, des sots dont j'avais blessé l'amour-propre, de jeunes femmes que j'avais trompées, les laides que j'avais dédaignées, ont accueilli ces beaux propos du prince, et je m'aperçois depuis quelques jours qu'on me reçoit dans le monde avec un silence morne, une politesse glaciale, mille fois plus blessante que l'impertinence, car je ne puis pas trouver le prétexte de me plaindre ou de me fâcher.

« Si le prince d'Héricourt n'était pas un vieillard, je serais remonté à la source de cette misérable ligue, et je l'aurais provoqué ; mais il n'y faut pas songer. Il me reste le Rochegune : vingt fois par jour, je suis tenté de me battre avec lui ; mais je crains le ridicule : on croirait peut-être que ma jalousie cause ce duel. Pourtant j'aimerais à tuer cet homme, car je l'exècre ; de tout temps il m'a été souverainement antipathique : il était l'ami de Mortagne, que je n'ai plus à détester. Avant mon mariage, je le trouvais déjà insupportable par ses affections de charités obscures, de bienfaits mystérieux ; mais au moins il n'avait pas cette physionomie impérieuse, cette attitude insolente qu'il a maintenant.

« L'autre jour, je l'ai rencontré ; il était à

cheval et moi aussi. Le sang m'a monté au visage ; j'espérais qu'il ne me saluerait pas, et peut-être aurais-je été assez fou pour lui chercher querelle. Malédiction ! il m'a salué ; mais son salut a été un de ces outrages sans nom, sans forme, qu'on ressent jusqu'au vif, et dont on ne peut se plaindre : il m'a semblé lire sur ses traits durs et impassibles, dans son regard sévère et perçant, qu'en moi il saluait l'homme dont madame de Lancry portait le nom, ou qu'il saluait peut-être le mari de sa maîtresse ; car, après tout, je suis bien sot de croire à la vertu de ma femme ! Mais encore non, non, malgré moi, je voudrais la croire coupable quelquefois ; il me semble que je respirerais plus à l'aise... que mes torts me seraient moins odieux, mais je ne puis compter sur ses faiblesses : elle n'aura jamais l'énergie de commettre une faute, elle saura pleurer, gémir, mais se venger... jamais. Tantôt y réfléchissant j'aime mieux croire à sa vertu : quoique je n'aie aucun amour pour elle, il me serait peut-être plus pénible que je ne le pense de la savoir coupable, ce serait une blessure de plus à mon amour-propre.

« Ce qui m'obsède, ce qui m'irrite au dernier point, c'est de voir que personne ne trouve ce Rochegune ridicule; dans cette circonstance qui prête tant à la moquerie, vingt autres à sa place auraient été hués. Que devient donc la méchanceté du monde? ou bien quel pouvoir a donc cet homme qui joue avec le feu, qui réussit là où tous les autres échoueraient? comment fait-il pour se mettre très à la mode en affichant des principes qui réhabilitent, ne fût-ce que pour quinze jours, l'*amour platonique,* ce rêve caduc et niais des enfants, des pensionnaires ou des vieillards?... Non, non, il est impossible qu'il joue ce jeu-là franchement...

« Et pourtant, si c'est une rouerie, ne trouvez-vous pas cet homme plus étonnant encore? Prendre pour dupes, pour complaisants, pour défenseurs, des personnes comme le prince d'Héricourt et sa femme... n'est-ce pas admirable? Tenez... c'est un problème que cet homme! mais quel qu'il soit, je le hais, oh! je le hais jusqu'au sang... surtout depuis quelque temps; je ne sais pourquoi. C'est une haine sourde; c'est comme un pressentiment que cet homme me fera du mal, qu'il me blessera dans ce que j'ai de plus cher...

« Après tout, pourquoi prendre tant de détours avec vous? je vous écris pour épancher ma bile, pour exhaler tous les bouillonnements de mon âme. Eh bien! depuis que, directement ou indirectement, cet homme a été cause du froid accueil qu'on me fait dans le monde, Ursule est devenue intraitable à mon égard. Je ne sais si elle se trouve humiliée des humiliations qu'on m'impose, je ne sais si son amour-propre en souffre pour elle ou pour moi; mais elle a osé me dire que je méritais ce traitement par mon odieuse conduite envers ma femme, elle a osé me dire que la société faisait bien de me flétrir ainsi, et qu'elle devrait user plus souvent de cette sorte de vengeance, qui peut atteindre des vices ou des crimes qui échappent aux lois.

« — Mais — me suis-je écrié stupéfait de cette audace—n'êtes-vous pas attaquée comme moi, insultée comme moi?

« — Eh! m'entendez-vous me plaindre! — « m'a-t-elle répondu. — Le monde est juste;

« j'ai voulu, à quelque prix que ce fût, (et à
« quel prix, mon Dieu!) être une femme à la
« mode, briller à Paris, être l'idole de ses
« fêtes... Tout cela, je l'ai été. L'on croit que
« c'est par amour que je vous ai enlevé à votre
« femme et l'on me trouve odieuse ; on a rai-
« son : si l'on savait que je ne vous ai jamais
« aimé, on me trouverait bien plus odieuse,
« bien plus infâme encore ; et l'on aurait tou-
« jours raison. »

« Je vous le demande, n'était-ce pas à la tuer de mes propres mains ? Mais elle m'avait, depuis si longtemps, habitué à ses boutades, à ses caprices que je n'aurais pas attaché beaucoup d'importance à ses duretés, si, depuis quelque temps, son humeur n'était devenue étrangement sombre, taciturne.

« Je n'ose dire, même à *vous*, les folies que j'ai faites pour la sortir de l'espèce de mélancolie morne où elle est plongée. Tout a été vain ; maintenant elle refuse de descendre chez mademoiselle de Maran. Celle-ci, qui a subi la fascination de cette femme, est aussi impuissante que moi à la distraire. Ursule l'accueille tantôt avec indifférence, tantôt avec dédain. Elle passe des journées entières seule à lire ou à rêver ; sa femme de chambre, qui est à moi, me dit que sa maîtresse doit être sous l'empire d'un profond chagrin, qu'elle ne la reconnaît plus, qu'elle se promène quelquefois des heures entières dans sa chambre en marchant avec agitation ; puis qu'elle tombe, accablée, en se cachant la tête dans ses mains.

« Je la trouve en effet changée ; elle maigrit, elle perd ce coloris qui la rendait d'une fraîcheur idéale, elle perd ce léger embonpoint, qui donnait tant de charmes à sa taille élancée; ses yeux se creusent : depuis un mois je ne l'ai pas vue rire de ce rire moqueur et hardi, à la fois si redoutable et si séduisant chez elle.

« Par je ne sais quel caprice, elle veut souvent rester dans l'obscurité la plus complète; alors, elle refuse de recevoir personne. Lorsque j'ai vu ces symptômes de tristesse dont j'ignorais la cause, j'espérais que le chagrin détendrait peut-être ce caractère inflexible. Heureuse et gaie, j'avais prodigué l'or pour satisfaire ses moindres caprices; mélancolique et chagrine, j'aurais voulu lui offrir pour consolation des trésors d'amour délicat et passionné : trésors que j'amassais depuis si longtemps dans mon cœur, et que j'avais à peine osé lui dévoiler, tant je craignais ses railleries!

« Je me disais : Enfin, voici le moment où je pourrai la dominer, peut-être, par l'ascendant du dévouement le plus tendre. Eh bien, non, non, elle m'échappe encore... à genoux, à genoux devant elle, baignant ses mains de larmes..... car cette femme me fait pleurer comme un enfant, en vain m'écriai-je : « Par
« pitié, dites-moi ce qui vous afflige ; dites-
« moi vos souffrances, que je les partage ;
« dites-moi que je puis espérer de vous con-
« soler un peu, et vous verrez quelles ressour-
« ces inouïes vous trouverez dans mon cœur.
« Oh! non, vous ne soupçonnez pas ce dont
« je suis capable pour chasser un tourment de
« votre cœur. Vous vous êtes quelquefois
« étonnée des prodiges que j'opérais pour
« combler vos désirs les plus insensés ; eh
« bien, cela n'est rien, rien auprès des mer-
« veilles de tendresse que m'inspireraient
« votre confiance, l'espoir de vous épargner

« quelques souffrances ! » . . . .

« Oh ! croyez-moi, ce que je disais-là, pleurant aux pieds de cette femme, je le ressentais ; j'éprouvais ce que jamais je n'avais ressenti jusqu'alors, une douleur profonde, un affreux brisement de cœur, seulement parce que je voyais Ursule abattue. J'ignorais la cause de ses chagrins ; mais elle souffrait et je souffrais... c'étaient de continuels élancements de toute mon âme vers la sienne.

« Je vous le dis à vous, cette fois j'étais sincère ; mes prières partaient du fond de mon cœur, mes sanglots du fond de mes entrailles... Mes larmes étaient âcres, brûlantes comme les vraies larmes du désespoir.. Eh bien ! cette femme restait muette, indifférente et sombre, comme si elle ne m'eût pas compris ou entendu.

« Mais elle est donc stupide ou folle, cette femme, de ne pas voir combien je l'aime ! Elle ne sait donc pas, la malheureuse ! ce que c'est que d'avoir au moins un cœur sur lequel on puisse à jamais compter ! Elle ne sait donc pas combien il est rare d'inspirer une passion telle que celle qu'elle m'inspire ! Elle ne sait donc

pas que, si criminel que soit mon amour, c'est un crime que de le jeter au vent ! Elle ne pense donc pas à l'avenir ! Elle ne pense donc pas qu'un jour sa jeunesse, sa beauté ne seront plus qu'un souvenir, et qu'elle sera trop heureuse de trouver cette affection qu'elle dédaigne maintenant, cette affection qui doit être éternelle puisqu'elle a résisté à ses caprices, à ses mépris, à son ingratitude... Mais, tenez, ceci est affreux. Je deviens fou de rage contre moi et contre elle. Je ne puis continuer cette lettre... La colère et la douleur m'aveuglent. » . . . .
. . . .

Paris...

« Hier il m'avait été impossible de continuer cette lettre ; je la reprends, de nouveaux événements sont arrivés. J'espère éclaircir mes idées en vous écrivant, car ma tête est un tel chaos qu'elles y bouillonnent sans ordre et sans suite.

« Rassemblons les faits et mes souvenirs. Hier, après avoir interrompu cette lettre, j'allai voir Ursule : on me dit qu'elle était souffrante, qu'elle ne recevait personne ; par trois fois je me suis présenté chez elle, impossible de franchir la porte de son appartement. J'y suis retourné ce matin ; quelle a été ma stupeur lorsque mademoiselle de Maran m'apprit tout émue (elle émue)! qu'Ursule venait de l'informer qu'elle désirait quitter l'hôtel de Maran, et vivre seule désormais! Sans rien écouter davantage, je cours chez Ursule ; en vain sa femme de chambre veut m'empêcher d'entrer, je pénètre dans son salon presque de force : je la trouve rangeant quelques papiers dans son secrétaire.

« — Cela est-il vrai ? — m'écriai-je dans mon égarement, sans lui dire à quoi je faisais allusion.

« Elle me regarda d'un air sombre et distrait, et me répondit :

« — Que voulez-vous ?

« — Mademoiselle de Maran m'apprend que vous quittez cet hôtel... Cela est impossible.

« Elle haussa les épaules et me dit, continuant de mettre ses papiers en ordre :

« — Cela est possible, puisque cela est.

« — Cela ne sera pas ! — m'écriai-je hors

de moi... — je vous le défends ; cela ne sera pas !

« — Vous me le défendez? cela ne sera pas? Et de quel droit me parlez-vous ainsi, Monsieur ? — reprit-elle en me regardant fièrement.

« — Légitimes ou non, j'ai des droits sur vous, et je les ferai valoir.

« — Et auprès de qui, Monsieur, les ferez-vous valoir ?

« — Je vous dis que je ne veux pas que vous quittiez cette maison, ou sinon je vous accompagnerai partout où vous irez ! — m'écriai-je.

« — Je quitterai cette maison, Monsieur, et vous ne m'accompagnerez pas.

« — Tenez, Ursule, ne me poussez pas à bout, ne m'exaspérez pas. Je vais vous dire en deux mots pourquoi vous et moi nous ne pouvons nous quitter désormais ; je vous ai sacrifié ma femme, je suis presque déshonoré dans le monde. Vous voyez donc bien que nous ne pouvons pas nous quitter ; fatalement nous sommes désormais enchaînés l'un à l'autre. Quel que soit mon sort, vous le partagerez. Vous entendez bien, n'est-ce pas ? — lui dis-je en serrant les dents avec rage, car l'impassible sang-froid avec lequel elle m'écoutait me mettait hors de moi.

« Elle me répondit en me regardant jusqu'au fond de l'âme, et sans baisser ses yeux devant les miens :

« — Moi, je vais vous dire en deux mots pourquoi nous ne devons plus rien avoir de commun ensemble. Personne au monde n'a de droits sur moi, je quitterai cette maison quand je le voudrai ; et si vous m'obsédez... quoiqu'il n'y ait rien de plus vulgaire que ce procédé, je m'adresserai à *qui de droit* pour être protégée contre vos poursuites.

« — Vous vous adresserez à l'autorité, à la police, sans doute — m'écriai-je avec un éclat de rire convulsif ; puis, comme dans mon étonnement je regardai machinalement autour de moi, je vis sur un sofa un domino de satin noir.

« Un éclair de jalousie me traversa l'esprit, je me souvins que la veille était le jour de la mi-carême ; saisissant le domino et le lui montrant :

« — Vous avez été cette nuit au bal de l'Opéra — m'écriai-je — malgré vos prétendues souffrances, malgré votre mélancolie prétendue?

« — Je suis en effet allée au bal de l'Opéra cette nuit, malgré mes souffrances, malgré ma mélancolie prétendue — reprit-elle, — c'est ce qui vous prouve, j'espère, que mon désir de m'y rendre était bien violent.

« — Je vois tout, je devine tout — m'écriai-je — vous aimez quelqu'un, vous avez une intrigue, un amant; mais, par l'enfer! celui-là que vous voulez aller rejoindre si effrontément ne sortira pas vivant de mes mains... Et d'abord, je m'installe ici, je n'en bouge pas — m'écriai-je m'asseyant sur un sofa.

« — A votre aise, Monsieur — me dit-elle — et, sans paraître s'apercevoir de ma présence, elle continua ce qu'elle avait entrepris.

« Ce sang-froid, cette dureté, cette impudence m'exaspérèrent; je lui arrachai des mains les papiers qu'elle tenait, et je les jetai au milieu du salon.

« Elle me regarda d'un air impassible, haussa les épaules, et fit un mouvement pour sortir. Je la saisis rudement par le bras.

« — Vous ne sortirez pas — m'écriai-je ; — vous ne sortirez pas que vous ne m'ayez dit pourquoi vous êtes allée cette nuit au bal de l'Opéra sans m'en prévenir, souffrante comme vous l'êtes... car vous êtes pâle et bien changée... Malheureuse femme ! — lui dis-je sans pouvoir vaincre encore mon attendrissement et mes larmes à la vue de son visage amaigri — quel impérieux motif a donc pu vous conduire à ce bal ?... Répondez...

« Sans me dire un mot, elle se dégagea doucement de mon étreinte ; j'étais devant la porte, lui barrant le passage : elle s'assit, appuya son coude sur le bras d'un fauteuil, posa son menton dans sa main, et resta ainsi immobile et muette. Je connaissais ce caractère intraitable ; la douceur, la prière n'en obtenaient pas plus que les menaces et la violence; je m'humiliai lâchement encore une fois. La résolution qu'elle venait de prendre était si brusque, elle brisait si affreusement mes espérances, que je voulus tenter les derniers efforts pour fléchir cette femme ; je lui dis tout ce que peuvent inspirer la passion la plus désordonnée, le dévouement le plus aveugle, le désespoir le plus vrai, le plus douloureusement vrai... prières, sanglots, emportements, tout fut vain, tout échoua devant ce cœur de marbre. Voulant à tout prix la faire sortir d'un silence qui m'exaspérait, j'allai jusqu'à l'injure, jusqu'aux reproches les plus ignobles ; rien, rien... pas un mot.

« On eût dit une statue. Elle ne m'entendait même pas. Son esprit était ailleurs. Son regard vague, distrait, semblait suivre je ne sais quelle pensée dans l'espace : par deux fois un faible et triste sourire erra sur ses lèvres, et elle fit un léger mouvement de tête, comme si elle eût répondu à une réflexion intérieure.

« Désespéré, je descendis chez mademoiselle de Maran. Toujours égoiste, cette femme ne voyait dans la détermination d'Ursule que ce qui la touchait personnellement. Elle s'écria, dans un dépit furieux, qu'une fois Ursule partie, l'hôtel de Maran redeviendrait désert ; qu'elle s'était habituée à l'esprit d'Ursule, à son enjouement ; qu'elle ne pouvait maintenant supporter la pensée d'être séparée d'elle, tant l'isolement l'épouvantait ; elle me conjurait d'unir mes efforts aux siens pour retenir Ursule, comme si ce n'était pas mon seul, mon unique désir ; enfin, malgré son avarice croissante, mademoiselle de Maran s'écria qu'elle ne regarderait à aucun sacrifice pour garder Ursule auprès d'elle ; que si les 40,000 fr. qu'elle me donnait ne suffisaient pas pour rendre sa maison agréable elle me donnerait davantage, tout ce qui serait nécessaire, dût-elle entamer ses capitaux ; il lui restait si peu d'années à vivre qu'elle pouvait faire cette folie, disait-elle...

« J'entre dans ces détails pour vous montrer l'influence d'Ursule : elle pouvait vaincre l'avarice sordide de mademoiselle de Maran, qui jusqu'alors avait honteusement abusé de ma prodigalité et m'avait à grand'peine donné annuellement l'argent qu'elle m'avait promis pour tenir sa maison.

« Nous remontâmes auprès d'Ursule avec Mademoiselle de Maran. Celle-ci la supplia, mit en œuvre tout son esprit, toutes ses flatteries pour la décider à ne pas la quitter ; Ursule fut inflexible. Mademoiselle de Maran pleura (mademoiselle de Maran pleurer)!, s'écria que le sort d'une pauvre vieille femme, seule et abandonnée aux soins de ses valets, était horrible ; qu'elle avouait avoir été assez méchante pour s'être fait tant d'ennemis ; qu'une fois Ursule partie, personne ne viendrait la voir ; que la révolution de juillet avait dispersé les anciennes relations sur lesquelles elle aurait pu compter. Ursule fut inflexible.

« Alors mademoiselle de Maran, entrant dans un accès de rage furieuse, lui fit les plus sanglants reproches, lui parla de son ingratitude, de son inconduite. Ursule sourit, et ne dit pas un mot. Enfin nous lui demandâmes comment elle vivrait ; elle nous répondit qu'il lui restait environ trente mille francs de sa dot, et que cela lui suffirait.

« Telle est la cruelle position où je me trouve ; je connais assez le caractère d'Ursule pour être certain qu'à moins d'un prodige, elle ne changera rien à ses résolutions. Je l'ai quittée il y a deux heures sans avoir pu en arracher une parole ; j'ai beau me torturer l'esprit pour deviner la cause de cette brusque détermination, je n'y parviens pas plus que je ne parviens à pénétrer la cause du chagrin, de l'accablement où je la vois depuis quelque temps.

« Chez elle, cela ne peut être le remords de sa faute. D'abord je l'avais soupçonnée d'éprouver une passion réelle et profonde ; mais quoique je l'aie vue en coquetterie avec plusieurs hommes de sa société, quoique j'aie eu souvent des doutes sur sa fidélité, doutes qui ne sont d'ailleurs jamais devenus des certitudes, rien dans ses relations mondaines avec les gens dont j'étais le plus jaloux n'avait eu le caractère de la passion : Ursule était avec eux comme avec moi, inégale, capricieuse, fantasque, hautaine ; mais jamais je ne l'avais vue triste et rêveuse comme elle l'est depuis un mois...

« Mais... tenez... une idée... me vient à l'instant : oui... pourquoi non ?... Ne riez pas de pitié... Pourquoi la tristesse croissante d'Ursule ne serait-elle pas causée par le regret de m'avoir fait dissiper plus de la moitié de ma fortune ?

« Ce qui m'a toujours invinciblement soutenu dans mon amour malgré les caprices et les hauteurs d'Ursule, c'est cette conviction profonde, qu'elle ressentait pour moi un amour bien plus vif que celui qu'elle avouait, dissimulant ainsi et par orgueil, et dans la crainte de me laisser pénétrer l'influence que j'avais sur elle ; croyant me dominer plus sûrement par ces alternatives de tendresse, de froideur ou de dédain.

« En quittant si brusquement mademoiselle de Maran sans me dire la raison de ce départ, pourquoi Ursule ne voudrait-elle pas me prouver qu'elle m'aime pour moi-même en renonçant aux splendeurs dont je l'ai entourée jusqu'ici ? Dites, pourquoi non ? Vaincue enfin par tant de preuves de passion, cette femme n'est-elle pas assez bizarre pour dédaigner maintenant ce luxe qui l'avait d'abord séduite ? Peut-être elle rêve une vie obscure et tranquille dans quelque coin éloigné de la France ou dans un pays étranger... Si cela était... si cela était... oh ! j'en mourrais de joie. Elle a totalement bouleversé mes goûts, mes habitudes ; maintenant je déteste autant le monde que je l'aimais. Mon seul vœu serait de couler mes jours près d'elle au fond de quelque solitude ignorée ; au moins là elle serait toute à moi, il n'y aurait pas une minute de sa vie qui ne m'appartînt.

« Ne prenez pas ceci pour de vaines paroles, pour des exagérations. Voilà plus de deux années que dure cette liaison, et j'aime Ursule plus ardemment, plus désespérément encore que le premier jour. Je me connais, je sais les ressources de son esprit si piquant, si original, si imprévu ; sa beauté toujours provocante n'est-elle pas pour ainsi dire toujours nouvelle : posséder une telle femme, n'est-ce pas posséder tout un sérail !

« J'ai passé *ma lune de miel* seul avec ma femme ; au bout de quinze jours tout a été dit, ç'a été une monotonie, une lourdeur de tendresse insupportable, aucun élan, aucun entrain... Au lieu qu'avec Ursule... Oh ! une telle vie... avec Ursule... ce serait, je vous le répète, à en devenir fou de joie...

« Tenez... tenez... je ne me trompe pas, non, tout m'est expliqué maintenant. Après avoir si longtemps dissimulé, Ursule ne le peut plus ; son amour pour moi, trop longtemps comprimé, va éclater enfin. Est-il, après tout, possible, probable, naturel, qu'une femme, si corrompue, si insensible qu'elle soit, ne se laisse pas à la fin toucher par tant d'amour !

« L'orgueil ne m'aveugle pas; je vous fais assez d'humiliants aveux pour que je puisse, d'un autre côté, me relever un peu : je suis jeune, j'ai eu assez de succès, je ne manque ni de monde ni d'esprit ; j'ai été aimé, passionnément aimé de femmes qui, aux yeux du monde, valaient bien Ursule, à commencer par ma femme et par son amie intime madame de Richeville. Pourquoi donc Ursule ne partagerait-elle pas ma passion ? Elle a beau dire que, par cela même que je suis très épris d'elle, elle ne ressent rien pour moi... ce sont des paradoxes dont elle berce son dépit ; elle se sent maîtrisée par son amour, et elle ne veut pas en convenir.

« Mais ce domino... Peut-être est-elle jalouse de moi !... Oui... maintenant je me souviens de lui avoir dit, il y a quelques jours, que j'irais à ce bal de la mi carême. Tout ce qui s'est passé hier m'a empêché d'y aller. Ursule ignorait ces changements dans mes projets; elle aura voulu m'épier. Ces allures sournoises sont quelquefois assez dans son caractère.

« Combien je me réjouis de vous avoir écrit ! Je me sens mieux et plus calme en terminant cette lettre qu'en la commençant. Je renais à l'espérance. Oui, plus j'y réfléchis, plus le silence obstiné qu'Ursule a gardé sur ses projets et sur la cause de sa tristesse me paraît d'un bon augure ; elle aura craint peut-être de se laisser pénétrer en me répondant. Sa distraction affectée l'a servie à souhait.

« Après deux années d'une liaison souvent troublée par la jalousie et la froideur, je l'avoue, mais enfin suivie, on n'abandonne pas ainsi un homme sans lui donner une raison, n'est-ce pas ? Après les immenses sacrifices que j'ai faits pour elle, ce serait ignoble barbare, insensé...

« Enfin, qui la forçait à revenir à Paris ? Son mari était assez amoureux pour la reprendre, après la scène de Maran... J'avais bien songé à un retour à ce mari... cette femme est si bizarre... Mais non, non... cela est impossible... Sans trop d'orgueil, je puis bien m'estimer fort au-dessus de M. Sécherin.

« Maintenant, je me souviens de certaines remarques qui ne m'avaient pas d'abord autant frappé : lorsque je me suis oublié envers elle jusqu'à l'outrage, je n'ai lu dans ses yeux ni colère ni haine. C'était une complète indifférence. Or, Ursule est trop violente, trop fière, pour n'avoir pas ressenti vivement cette insulte. Une puissante raison l'a obligée de dissimuler; or, quelle peut être cette raison, sinon l'intérêt que je lui inspirais? Mon emportement même n'était-il pas une preuve de mon amour?...

« Tenez, encore une fois, je ne puis vous dire combien je me félicite de vous avoir écrit et de vous écrire; en pensant ainsi tout haut et avec confiance, de raisonnement en raisonnement, de conséquence en conséquence, je suis parti d'une impression horriblement triste pour arriver à un espoir presque réalisé.

« Je ferme cette lettre en hâte; répondez-moi courrier par courrier, maudit paresseux, car mes trois premières lettres sont encore sans réponse. Je ne vous en veux pas trop pourtant, car vous jugerez mieux de la position par l'ensemble des faits. Votre longue expérience du monde, votre froid désabusement, votre impartialité dans tout ceci, et surtout votre esprit net et ferme, vous permettront de tout apprécier clairement, de me donner des avis sérieux et surtout de me dire si vous pensez que je vois juste. Tout est là. Mon avenir dépend de cette dernière détermination d'Ursule. Elle m'a d'abord horriblement épouvanté ; maintenant, au contraire, je la vois sous un jour si beau, qu'il fait rayonner à mes yeux mille adorables espérances.

« Vous allez me trouver bien lâche ; mais, je vous en conjure, ne dissipez pas ces espérances sans me donner pour cela d'excellentes raisons, car vous me trouverez bien opiniâtre dans ce dernier espoir. . . . .
. . . .

« Quatre heures.

« Malédiction sur moi... et sur elle... Oh! sur elle! Je reçois à l'instant une lettre de mademoiselle de Maran. Ursule vient de quitter l'hôtel ; on ne sait pas où elle est allée... elle a prévenu mademoiselle de Maran, par un billet, qu'elle ne la reverrait jamais... C'est horrible! Que faire? que faire?.. Oh! mes pressentiments... Oh! mes folles et stupides espérances... Maintenant je vois tout... mais je serai vengé. Répondez-moi... répondez-moi.... Ah! je suis bien malheureux... Rage et enfer.... je serai vengé!

« G. DE LANCRY. »

CHAPITRE X.

LE BAL MASQUÉ.

La lettre dans laquelle M. de Lancry apprenait à l'un de ses amis inconnus la brusque disparition d'Ursule complétait par plusieurs traits frappants l'histoire de l'amour fatal de ma cousine et de mon mari.

Je terminais cette lecture lorsque M. de Rochegune entra chez moi. Je ne l'avais pas vu la veille ; ayant passé ma journée à accomplir un pieux pélerinage avec Blondeau, j'étais restée seule le soir sous une influence mélancolique.

— Eh bien ! — me dit-il en me tendant la

main — comment vous trouvez-vous? hier avez-vous été courageuse !

— Courageuse?... oui, car je n'ai pas craint de me laisser aller à tous les regrets que devait m'inspirer la pensée de l'excellent ami que nous avons perdu... Pourtant, faut-il vous l'avouer? au milieu de mon chagrin, il m'est venu une idée presque pénible, parce qu'elle ressemblait à de l'ingratitude...

— Comment cela?

— C'est que j'aurais peut-être pleuré davantage encore M. de Mortagne, si je ne vous avais pas connu.

— Je pourrais m'adresser le même reproche, Mathilde; mais je me rassure : aimer ce qu'aimait notre ami, protéger ce qu'il protégeait, ce n'est pas oublier, c'est être fidèle à son souvenir; seulement quelquefois je me dis tristement : Qu'il eût été heureux et fier de notre bonheur !

—En lui... quel défenseur nous aurions eu, mon ami!

—En avons-nous donc besoin? notre amour n'est-il pas accepté par le monde, qui croit si peu aux sentiments purs et désintéressés ?...

Notre amour... si vous saviez le charme de ces mots... car vous m'aimez... Mathilde... vous m'aimez...

— Oui... oh ! oui, je vous aime... Et je suis quelquefois à me demander par quelle transformation insensible cet amour a succédé à l'amitié profonde... presque respectueuse, que j'avais pour vous.

—Écoutez, Mathilde... voulez-vous me rendre très-heureux ?

— Parlez... parlez...

—Eh bien ! interrogez tout haut votre cœur, que je sache ce que vous éprouvez pour moi, aujourd'hui, à cette heure : bonnes ou mauvaises impressions, dites-moi tout avec la franchise la plus absolue ; je vous ferai la même confidence.

— Je trouve cette idée charmante : j'aimerais beaucoup à constater ainsi, de temps à autre, la richesse de notre amour.

— Ce serait constater chaque fois l'augmentation de nos trésors, vrai plaisir de millionnaire.

— Et puis, j'y songe, mon ami, un jour peut-être cette espèce de confession de cœur pourrait nous éclairer sur les dangers que, par faiblesse ou fausse honte, nous voudrions peut-être ignorer... Et, vous le savez, nous devons être pour nous-mêmes d'une implacable sévérité, en songeant à la noble garantie qui protége notre amour.

— Oui, des cœurs moins braves que les nôtres regretteraient presque la hauteur suprême où nous sommes ainsi placés, Mathilde. Mais il en est de certaines positions comme des royautés menacées... on ne peut les abdiquer sans ignominie : plus nous aurons à lutter, plus notre lutte sera honorable.

— Dites donc aussi plus notre bonheur sera grand. Tenez, le prince d'Héricourt racontait l'autre jour un trait qui m'a frappée. Je vous dirai tout à l'heure le rapprochement que j'en veux tirer. Chargé d'une mission d'autant plus difficile qu'il avait à défendre la meilleure des causes, il devait traiter avec des diplomates d'une habileté consommée; au lieu de ruser, il suivit simplement l'impulsion de son noble caractère, et fut d'une franchise véritablement si étourdissante, que ses adversaires furent complètement déroutés et que sa mission eut les plus heureux résultats : aussi me disait-il que dans la vie une ligne irréprochable était non-seulement la plus honnête, mais la plus sûre, la plus avantageuse, et l'on pourrait même dire la plus habile, s'il était possible de faire le bien par calcul.

— C'est ce qu'il appelle la *finesse* des gens d'honneur — me dit M. de Rochegune en souriant. — Je suis de son avis. Mais voyons l'application de cette généreuse théorie.

— Un moment encore... Il faut d'abord que je vous prévienne qu'aujourd'hui j'ai disposé de vous.

— Vraiment? Quelle douce surprise...

— Il est trois heures ; j'ai quelques emplettes à faire, il s'agit de bronzes anciens sur lesquels je voudrais avoir votre goût. Il fait un très beau temps, nous sortirons à pied, vous me donnerez le bras.

— C'est charmant : et...

— Attendez, ce n'est pas tout encore... Ce soir je vous retrouverai chez madame de Richeville, où vous dînez comme moi ; nous irons ensuite au concert avec elle, Emma, madame de Semur, la duchesse de Granval et son mari : puis nous reviendrons prendre le thé chez moi ; car j'inaugure cette petite maison, et vous savez seul ce grand secret...

— Tenez, Mathilde, je vous avoue, à ma honte, que maintenant je suis presque indifférent à l'application de la théorie du bon prince.

— Il faut pourtant m'entendre encore. J'ai la plus grande envie de voir les tableaux de l'ancien Musée ; vous parlez peinture comme un poète. Ce n'est pas une épigramme, c'est une louange, et je me fais une fête de faire cette excursion avec vous.

— Et moi donc ! j'ai toujours pensé qu'il fallait être amoureux et aimé pour sentir toutes les beautés des chefs-d'œuvre de l'art ; on les voit alors à travers je ne sais quel reflet d'or et de lumière qui les fait divinement resplendir... Mais il nous faudra plusieurs jours pour tout admirer.

— Je l'espère bien, mon ami ; car nous serons très paresseux. Nous voyez-vous, mon bras appuyé sur le vôtre, longtemps arrêtés dans notre admiration devant un Raphaël ou un Titien ? Quel texte inépuisable de longues et douces causeries !

— Votre esprit est si impressionnable, vous avez si éminemment le sentiment du beau !...

— Et vous, mon ami, je ne sais par quel charme vous trouvez toujours le secret de ramener tout à notre amour; je suis sûre que dans nos bonnes promenades au Musée, vous saurez me prouver que Titien, Véronèse ou Raphaël n'ont produit tant d'œuvres de génie que pour offrir des allusions à notre tendresse... Égoïste que vous êtes.

— Certes, le génie donne à tous et à chacun; il répond à toutes les pensées, comme Dieu répond à toutes les prières...

— Oh! vous ne serez pas embarrassé pour vous justifier; d'ailleurs je crois que je vous aiderai moi-même... Maintenant, voici l'application de la théorie du prince d'Héricourt. Croyez-vous que nous pourrions réaliser tant de charmants projets, vivre sans gêne et sans scrupule dans cette facile et adorable intimité de tous les jours, de tous les instants, si notre amour n'était pas tel qu'il est? Ah! mon ami — lui dis-je ne pouvant retenir une larme de bonheur — il faut être femme pour sentir de quelle tendre, de quelle ineffable reconnaissance nous sommes pénétrées pour celui dont la délicatesse sait nous épargner la honte et les remords de l'amour !

— Et il faut être aimé par vous, Mathilde, pour comprendre qu'il est de célestes ravissements où l'âme semble s'exhaler dans une adoration passionnée ; qu'il est enfin des jouissances à la fois si pures et si vives, qu'elles fondent nos instincts terrestres dans l'extase ineffable où elles nous enlèvent... Oh ! Mathilde... maintenant je crois... aux délices de l'union des âmes.

— Et puis ce qui me ravit encore dans notre amour — dis-je à M. de Rochegune — c'est qu'il ne peut être soumis aux phases, aux variations d'un amour ordinaire ; dans la sphère élevée où il plane, il échappera toujours aux dangers de la satiété, de l'inconstance. Pourquoi ne durerait-il pas éternellement ?

— Éternellement ? oui, Mathilde, éternellement, car vous avez dit vrai, il est dégagé de tout ce qui lui est ordinairement fatal ou mortel ! Vous avez dit vrai, la précieuse liberté dont nous jouissons est une magnifique récompense. Si vous saviez combien la vie ainsi passée près de vous me paraît belle, heureuse... Si vous saviez tous les plans que je forme.

— Et moi donc, mon ami, vous n'avez pas d'idée de mes projets ; quelquefois j'en suis confuse, tant ils enchaînent votre avenir.

— Cela vous regarde, Mathilde ; cet avenir est à vous, je ne m'en mêle plus, et votre confusion...

— Ma confusion, c'est l'embarras des richesses ; j'ai mille desseins, et je ne m'arrête à aucun. Vous ne savez pas tous les romans dont vous êtes le héros... Pourtant je me suis arrêtée pour cette année à un voyage d'Italie ; nous le ferons avec madame de Richeville. Le prince et la princesse d'Héricourt, en revenant de Goritz, nous rejoindrons à Florence.

M. de Rochegune me regarda d'un air très surpris, puis il ajouta en souriant : — Au fait, pourquoi m'étonner? Je ne désirais pas autre chose au monde ; vous m'avez deviné, il n'y a rien que de très naturel à cela.

— De très naturel?

— Oui. Dussiez-vous vous moquer de ma métaphysique, je prétends que d'un sentiment puéril doivent naître des projets pareils ; plus ce sentiment sera exalté; plus il sera concentré dans l'imagination, plus ces mystérieuses sympathies de volonté seront fréquentes et *normales*. Pardonnez-moi cet horrible mot.

— Je vous le pardonne en faveur de votre système : quoique très fou, il me plaît beaucoup. Ainsi donc, mon voyage d'Italie...

— M'enchante; songez donc... parcourir avec vous cette terre promise des arts.

— Peut-être même nous établirions-nous quelque temps dans ce pays... un hiver à Naples ou à Rome... qu'en diriez-vous? madame de Richeville serait ravie d'un pareil séjour.

— Je ne dis rien, Mathilde, je ne veux rien je ne pense rien ; vous avez ma vie, disposez-en...

— Eh bien ! ainsi, nous passons l'hiver à Naples ; puis nous revenons de l'Italie par l'Almagne, afin de voir les bords du Rhin dans toute leur parure particulière. Peut-être même nous arrêterions-nous quelque temps dans un des vieux châteaux qui dominent ce beau fleuve.

— Encore un de vos désirs, Mathilde, qui

aurait droit de me surprendre, tant il m'est sympathique; la même idée m'était venue : à mon retour de Rome, j'avais loué le château d'Arnesberg; il est situé dans une position ravissante, j'y ai passé trois mois... vous le reconnaîtrez, j'en suis sûr, vous l'avez si longtemps habité avec moi... Mais voyez donc quel adorable avenir, Mathilde... quel bonheur de vivre avec vous dans cette intimité de voyage plus étroite encore, d'échanger chaque jour nos impressions, nos joies, nos rêveries, nos tristesses!

— Nos tristesses?

— Oui, car enfin le vœu de mon père aurait pu se réaliser.

— Soyez raisonnable, mon ami, ne devons-nous pas remercier Dieu du bonheur inespéré qu'il nous accorde?

— Oh! Mathilde, il n'y a pas d'amertume dans ce regret, c'est un regret plein de mélancolie : figurez-vous un homme souverainement heureux sur la terre... mais rêvant le bonheur des cieux.

— Mais voyez un peu comme nous voilà loin

de *notre examen de cœur*, je ne vous en tiens pas quitte.

— Voyons, Mathilde, que ressentez-vous pour moi à cette heure? Je vous écoute avec l'orgueilleux recueillement d'un poète qui entend lire son œuvre... car enfin votre amour est mon ouvrage.

Après quelques moments de réflexions, pendant lesquels je m'interrogeais sincèrement, je répondis à M. de Rochegune : — Il y a une différence très grande entre ce que je ressentais pour vous il y a quelque temps, et ce que je ressens maintenant... Je ne pourrais guère vous expliquer cela que par une comparaison. Nous parlions tout à l'heure de voyages, d'un château romantique situé sur les bords du Rhin ; eh bien!... moi, touriste..... qu'un site à la fois majestueux, pittoresque et charmant me frappe d'admiration, ma pensée s'y repose avec bonheur, je me dis qu'il serait doux de passer sa vie au milieu de cette solitude animée par la vue des grands spectacles de la nature : tout me séduit, les lignes sévères des montagnes, la fraîcheur des riantes prairies, la profondeur mystérieuse des ombrages, la pureté des eaux, l'aspect chevaleresque des hautes tourelles ; j'admire... et cette contemplation n'est pas sans amertume, parce qu'il s'y joint une secrète envie... Mais que, par un heureux caprice de la destinée, toutes ces magnificences naturelles m'appartiennent... mais que j'aie la certitude de vivre à jamais dans cet Éden, alors mon admiration devient exclusive, alors ces beautés deviennent miennes, alors je m'en glorifie, je m'en pare, alors c'est MON château.

— Bonne et tendre Mathilde... puisse au moins la sûreté, la sécurité de cette possession... vous dédommager de toutes les magnificences qui manquent pour être digne de vous!

—Oh! ma sécurité est entière... mon ami... Ce n'est pas confiance déplacée ; je ne serai jamais jalouse de vous, parce que vous ne pourrez jamais éprouver pour aucune femme le sentiment que vous éprouvez pour moi.

— Ni celui-là, ni aucun autre, je vous le jure.

— Mon ami, parlons de ce qui est probable et possible. Il est de ces vœux éternels qu'on ne peut exiger que d'une femme, et qu'une femme seule peut être certaine d'accomplir.

— Écoutez-moi, Mathilde, je ne veux rien exagérer. Non-seulement je vous parle avec sincérité, mais j'ai justement et heureusement à vous citer un fait à l'appui de ce que je vous dis.

— Vraiment? quel à-propos !

— Sérieusement, Mathilde, depuis que je sais que vous m'aimez, il n'y a plus pour moi d'autre femme que vous ; vous êtes un point de comparaison auquel je ramène tout, et tout me devient indifférent. J'en ai la preuve — vous dis-je — une preuve toute récente.

— Quelle preuve? faites vite cette confidence — dis-je en souriant — que je voie si je suis aussi peu jalouse que je le dis.

— Avant-hier, en sortant de chez madame de Richeville, où nous avions passé la soirée ensemble, je rentrai chez moi, je trouvai un billet à peu près conçu en ces termes :

« *Une personne bien malheureuse, qui a quelques droits à votre pitié, vous supplie de lui accorder un moment d'entretien ; mais les circonstances sont telles que cette personne ne peut vous rencontrer que cette nuit... au bal de l'Opéra.* »

A ces mots de M. de Rochegune, je ne sais quelle folle, quelle funeste pensée me traversa l'esprit.

M. de Lancry, dans la lettre que je venais de lire, parlait de reproches adressés à Ursule à propos du bal de la mi-carême où elle était allée secrètement, je m'imaginai que ma cousine était l'héroïne de l'aventure que M. de Rochegune venait de me raconter.

Mon saisissement fut tel, que je m'écriai :

— Au bal de l'Opéra... dans la nuit d'avant-hier !

M. de Rochegune attribua cette exclamation à une autre cause.

— Cela vous semble étrange, Mathilde, mais vous oubliez que la nuit de jeudi à vendredi était la nuit de la mi-carême. Je trouvai ce rendez-vous assez étrange, mon premier mouvement fut de n'y pas aller ; mais je me ravisai en réfléchissant qu'après tout une véritable infortune n'osait peut-être se révéler à moi qu'à l'abri de ce masque de fête : j'oubliais de vous dire qu'on devait m'attendre devant l'horloge depuis minuit jusqu'à quatre heures du matin. Cette preuve de patience opiniâtre confirma presque mes soupçons; j'allai donc à ce bal; malheureusement pour ce rendez-vous, je fus pris en entrant par madame de Longpré que je ne reconnus qu'au bout d'un quart d'heure de conversation; puis par une autre femme très gaie, très moqueuse, que je n'ai pu reconnaître, et dont le babil m'aurait beaucoup amusé, si je n'avais pas songé que peut-être j'étais attendu avec anxiété; enfin j'arrivai devant l'horloge, deux heures et demie sonnaient.

— Eh bien! — dis-je à M. de Rochegune en tâchant de sourire pour cacher mon anxiété.

— Eh bien ! je vis debout, au pied de l'horloge, une femme en domino de satin noir. Sa tête était baissée sur sa poitrine. Sans doute, absorbée par une méditation profonde, elle ne m'aperçut pas. Voulant voir si cette personne était bien celle que je devais rencontrer, je m'approchai d'elle et lui dis : — « Si vous at-
« tendez quelqu'un, Madame, celui-là est à la
« fois bien heureux et bien coupable. »—Mon domino tressaillit, releva vivement la tête, et me dit d'une voix émue : — *Monsieur, je vous*

en prie sortons du foyer. — Il y avait beaucoup de monde, nous restâmes quelques minutes avant de pouvoir traverser une foule épaisse dont les oscillations me rapprochèrent parfois assez de cette femme inconnue pour que, lui donnant le bras, je pusse sentir son cœur battre avec une force qui décelait une violente agitation.

— Et cette femme était-elle grande?

— Un peu plus grande que vous, Mathilde, très mince, et elle me parut avoir une taille charmante. Pour échapper à la foule, nous montâmes dans le corridor des secondes loges. Cette femme était toute tremblante. Je lui proposai de s'asseoir. — *Non, non* — s'écria-t-elle d'une voix émue, en me serrant le bras avec un tressaillement convulsif — *c'est la première fois que je puis m'appuyer sur ce noble bras... ce sera aussi la dernière... Marchons, je vous en prie, marchons...*

— Mais enfin cette femme, que vous dit-elle, que voulait-elle?

— Me parler de vous.

— De moi?

— Avec une admiration profonde.

— Elle voulait vous parler de moi, de moi, de moi?— m'écriai-je, toujours persuadée que ce domino mystérieux n'était autre qu'Ursule.

— Oui, me parler de vous, Mathilde, et dans des termes que je lui enviais. Jamais votre cœur, votre esprit, vos malheurs, n'ont été appréciés, n'ont été vantés avec une éloquence plus touchante. J'étais dans le ravissement en écoutant cette femme inconnue; j'étais séduit par l'admiration passionnée avec laquelle elle me parlait de notre amour, de notre bonheur... Vraiment, Mathilde, pour comprendre l'élévation de ces sentiments, il fallait qu'elle fût presque capable de les éprouver...

— Vous croyez, mon ami?...

— Je n'en doute pas. Que vous dirai-je? une fois cet entretien commencé, pour ainsi dire, sous l'invocation, sous le charme de votre nom, je vis avec chagrin arriver le moment de le terminer. Jamais je n'ai rencontré un esprit plus vif, plus prompt, plus incisif. Après l'admiration de notre amour vinrent les sarcasmes contre les gens qui l'enviaient. Ou je me trompe beaucoup, ou cette femme est douée d'un caractère d'une rare énergie, car, par un étrange contraste, autant, lorsqu'il était question de vous et de moi, sa voix était douce, pénétrante, autant elle était impérieuse et âpre lorsqu'il s'agissait de nos ennemis ou de nos envieux. Je n'oublierai de ma vie le portrait qu'elle a fait de votre mari et de votre infernale cousine.

— Elle vous a parlé d'Ursule?... m'écriai-je.

— Oh! bien longuement, et avec quelle verve d'indignation! avec quel mépris! Elle et M. de Lancry ont été immolés sans pitié. Votre cousine a peut-être encore été plus maltraitée que votre mari ; notre amie inconnue semblait prendre une joie cruelle à flétrir la honteuse conduite de cette femme. Son esprit satirique s'est aussi cruellement exercé sur mademoiselle de Maran, et tout cela avec un entrain, un brillant, une puissance qui me confondaient... Autrefois, et c'est là où j'en veux arriver, Mathilde, autrefois j'aurais eu la tête tournée de cette inconnue, j'aurais été fou de cet esprit audacieux, presque cynique, lorsqu'il s'agissait d'attaquer le vice et la bassesse ; rempli de charme et de sensibilité, lorsqu'il voulait louer ce qui était noble et beau. Eh bien ! ces contrastes si remarquables dans cette femme m'ont beaucoup frappé dans le moment ; mais ils m'ont laissé depuis fort peu curieux et fort indifférent, tandis qu'autrefois, je vous le répète, j'aurais tout fait pour pénétrer le caractère réel de cette créature mystérieuse... Mais c'est tout simple, Mathilde, tout ce qui n'est pas vous m'est antipathique ; vous m'avez rendu très difficile ; vous avez, si cela peut se dire, épuré, divinisé mon goût et mon cœur. Oui, à cette heure, je suis comme ces fanatiques de l'art qui ne peuvent détourner leurs yeux du type auguste et idéal que nous a légué l'antiquité ; une fois arrivé à cette religion du beau, une fois habitué à le contempler dans sa majestueuse sérénité, à l'adorer dans sa grandeur, à l'aimer dans sa simplicité, on prend en dégoût, en aversion, la fantaisie, le caprice, le joli, le maniéré ; enfin on déteste tout ce qui diffère de cette magnifique unité qui semble procéder de Dieu... Vous voyez, Mathilde, si j'avais raison de vous dire que ce qui n'était pas vous n'existait pas...

— Et cette femme, la croyez-vous belle et jeune?

— Belle, je ne sais pas; mais jeune, la fraîcheur de sa voix, la finesse de sa taille, la souplesse de sa démarche me portent à le croire... Que dis-je? je n'en doute pas; j'oubliais que j'ai vu sa main nue; et si je n'avais vu la vôtre j'aurais trouvé la sienne la plus jolie du monde; mais du moins sa blancheur, ses contours ronds et polis annonçaient certainement la jeunesse.

— Et comment finit cet entretien, que voulait-elle, enfin, cette femme?

— Avoir — me dit-elle — la seule conversation qu'il lui fût possible d'avoir avec moi, juger par elle-même si ce qu'on lui disait de moi était vrai.... et m'exprimer les vœux qu'elle faisait pour notre bonheur. Et puis enfin... Mais vous allez vous moquer de moi et de mon inconnue.... et vous aurez bien raison...

— Dites, dites — je vous en prie.

— D'abord, Mathilde, je dois vous prévenir que j'ai été surpris... D'honneur, je ne m'attendlais à rien moins qu'à cette preuve plus que bizarre de son admiration.

— Dites, dites : je vous assure, mon ami, que je ne me moquerai pas de vous.

— Eh bien ! au moment de me quitter, cette femme singulière me tendit cordialement sa main ; je la pris... Alors... Mais en vérité, il est aussi ridicule de raconter cette niaiserie que de la commettre.

— Je veux tout savoir.

— Préparez-vous donc à rire. — Eh bien ! alors mon inconnue porta ma main à ses lèvres sous la barbe de son masque avec un mouvement de soumission craintive, de servilité passionnée... qui me confondit de surprise... Elle avait la tête baissée ; une larme tomba sur ma main, et mon domino disparut brusquement dans la foule. . . . .

. . . .

Sous un prétexte frivole, je remis au lendemain la promenade que je devais faire ce jour-là avec M. de Rochegune et je restai seule.

CHAPITRE XI.

LE RÉVEIL.

J'avais été souvent sur le point d'apprendre à M. de Rochegune quel était le mystérieux domino qu'il avait rencontré à l'Opéra ; mais craignant d'agir légèrement, je voulus me réserver le temps de la réflexion.

Je connaissais le cœur et le caractère de M. de Rochegune, il devait éprouver pour Ursule autant de mépris que d'aversion ; pourtant la séduction de cette femme était puissante... J'en avais des preuves fatales.

En amenant adroitement mon éloge, elle avait su d'abord se faire écouter favorablement de M. de Rochegune, lui plaire, l'intéresser, exciter vivement sa curiosité, l'entraîner... Je n'étais pas sûre d'effacer toutes ces impressions en lui nommant ma cousine ; en ne la lui nommant pas, il oublierait peut-être cette mystérieuse entrevue.

Dans sa lettre à un ami inconnu, M. de Lancry parlait de la sombre tristesse qui accablait Ursule depuis quelque temps, du changement extraordinaire qui s'était opéré dans les habitudes de cette femme.

Elle, jusqu'alors si insouciante, si légère, était résolue, disait-il, à quitter le joyeux et brillant hôtel de Maran, et elle avait accompli cette résolution.

En rapprochant ces faits de l'aventure du bal de l'Opéra, je me demandai si une passion violente, impérieuse, pour M. de Rochegune, qu'elle connaissait de vue, et dont tout le monde parlait, n'avait pas envahi l'âme d'Ursule...

Je me rappelais ce passage de son insolente lettre à mon mari où elle lui peignait avec une si brûlante éloquence l'amour qu'elle devait peut-être ressentir un jour pour l'homme qui la dominerait despotiquement.

Enfin cette femme m'avait déjà frappée

dans de bien chères affections; ne pouvait-elle pas persévérer dans sa haine et vouloir me frapper encore?

Je ne pouvais douter de M. de Rochegune, je ne me rabaissais pas par une fausse modestie; mais... je pressentais vaguement quelque nouveau malheur, quelque coup inattendu...

Je ne me trompais pas : ce malheur arriva, ce coup me fut porté... sinon par Ursule, du moins par son influence, comme si cette influence devait toujours m'être funeste.

Ce qui me reste à avouer est une analyse si délicate, d'une psychologie si déliée, qu'il m'a fallu bien longuement interroger mes souvenirs les plus intimes pour renouer ces fils presque insaisissables qui aboutissent cependant à l'un des plus importants, à l'un des plus douloureux incidents de ma vie.

Je me suis promis de tout dire, honteuses faiblesses ou lâches erreurs; je ne faillirai pas devant un aveu, si pénible qu'il soit, devant une explication, si étrange qu'elle paraisse.

Sait-on ce qui me frappa le plus dans l'entrevue d'Ursule et de M. de Rochegune?

Sait-on ce qui me fit ressentir une commotion profonde, inconnue? Sait-on ce qui domina toutes mes pensées, ce qui me bouleversa tout à-coup? Sait-on enfin ce qui causa la première rougeur qui me soit montée au front, la première honte qui me soit montée au cœur, qui me fit douter de moi, de mon courage, de ma vertu, de mes droits à la haute estime dont on m'entourait? Le sait-on?

..... Ce fut le baiser qu'Ursule donna sur la main de M. de Rochegune...

Cela paraît fou, impossible; cela est misérable, je le sais, car à ce moment encore, où j'écris ces lignes dans la solitude, je baisse les yeux comme si mon trouble et ma confusion éclataient à tous les regards...

Oui... lorsque M. de Rochegune parla de ce baiser... mes joues s'empourprèrent, je ressentis comme un choc électrique; une émotion inconnue, à la fois ardente et douloureuse, me causa je ne sais quel frémissement de colère... tout mon sang reflua vers mon cœur... malgré moi, tandis que M. de Rochegune parlait... Mes regards ne purent se détacher de sa main... comme s'ils y eussent cherché avec angoisse la trace du baiser de flamme que lui avait donné Ursule.

Pour la première fois je m'aperçus... ou plutôt je me plus à remarquer que cette main était d'une beauté parfaite... Pour la première fois j'éprouvais un sentiment de jalousie cruelle dont je n'osais entrevoir ni la source ni les conséquences.

Tel puéril que soit ce ressentiment, il m'épouvantait comme symptôme.

Si mon amour avait été aussi pur, aussi éthéré qu'il le paraissait, ce baiser m'eût été presque indifférent. Cette nouvelle preuve du cynisme d'Ursule m'eût peut-être *indignée*... elle ne m'aurait jamais *troublée*...

Hélas! je ne veux pas dire que sans cette circonstance de l'entrevue de M. de Rochegune et d'Ursule, j'aurais pour toujours échappé à ces émotions.

Peut-être n'avais-je fait que devancer ce moment fatal où je devais reconnaître la vanité de mes nobles desseins, la faiblesse de mon caractère, l'irrésistible puissance d'un amour coupable... Mais, je le jure par tout ce que j'ai souffert, ce fut pour moi une cruelle révélation que celle-là.

Ceux qui ont longtemps orgueilleusement compté sur eux-mêmes, sur la solidité, sur l'élévation de leurs principes, qui les mettaient si au-dessus du vulgaire, ceux-là comprendront mon chagrin.

Je ne m'abusais pas. De même qu'il suffit d'une étincelle pour allumer un incendie, il suffit de cette impression pour m'éclairer tout-à-coup sur la nature de mon amour.

Quelle serait donc ma vie désormais?

Si j'étais assez courageuse pour résister à ce penchant ainsi devenu criminel, que de luttes, que de douleurs cachées, que de larmes brûlantes, honteuses, dévorées en silence... Quel supplice de chaque moment ne m'imposerait pas alors cette intimité jusque-là si facile! quelle contrainte! veiller, veiller sans cesse sur ce malheureux secret, qu'une inflexion de voix, qu'un regard pourraient trahir!

Flétrir, dénaturer par la crainte, par la réserve, cette affection jusqu'alors si confiante, si loyale et si sainte!...

Et puis, pour comble d'amertume et de misère, avoir été la première sans doute à profaner cet amour par la pensée... et le laisser soupçonner peut-être... Oh! non, non — m'écriai-je — plutôt mille fois la mort que ce dernier terme de l'abaissement...

Et si j'étais assez malheureuse pour succomber, non-seulement je justifiais l'abandon de mon mari, mais j'abusais ignominieusement de la plus vénérable protection.

Seule, abandonnée, brisée par le désespoir, en butte aux plus odieuses calomnies, des amis étaient venus à moi, m'avaient généreusement tendu la main, m'avaient défendue, entourée de soins, de dévouement; bien plus, prenant en pitié mes malheurs passés, voyant la préférence que j'accordais à un homme digne de moi, ces amis m'avaient dit : « Vous avez bien
« souffert, votre cœur a été déchiré; mais
« courage, espérez des jours meilleurs; pour
« vous, si longtemps privée d'affections, ce
« n'est pas assez de la tendre amitié que nous
« vous témoignons; un sentiment plus vif,
« mais aussi pur qu'il est ardent, remplira
« votre vie; nous avons en vous et en l'homme
« que vous aimez une foi si entière, que nous

« prendrons avec fierté ce noble amour sous
« notre sauvegarde. »

Et moi, moi, indigne de ce rôle, unique peut-être dans les fastes du monde, je serais assez infâme pour abuser de cette sublime confiance ! A l'abri de ces austères garanties, j'aurais la lâcheté de cacher un amour coupable !

Grand Dieu !... ne serait-ce donc pas me rabaisser encore au-dessous d'Ursule ? Elle a au moins maintenu l'effrayant courage de ses fautes ; elle foule aux pieds les lois du monde, mais elle brave les vengeances du monde, tandis que moi j'y échapperais par l'hypocrisie la plus odieuse... Non ! non ! m'écriai-je encore, plutôt mille fois la mort que ce dernier terme d'abaissement !

Tel était pourtant l'avenir que m'avait fait une seule pensée, brûlante et rapide comme la foudre...

D'abord je me révoltai contre ces idées, je voulus les chasser de mon esprit ; elles revinrent incessantes, implacables. Je ne pouvais m'empêcher de songer aux traits de M. de Rochegune, aux grâces de sa personne, moi qui jusqu'alors avais été indifférente, ou plutôt inattentive à ces avantages; moi qui n'avais admiré en lui que son caractère, que ses grandes qualités.

Encore à cette heure je suis à comprendre comment le léger incident que j'ai cité pouvait causer en moi un tel bouleversement; il fallait qu'à mon insu j'eusse depuis longtemps le germe de ces pensées, et qu'il n'attendît que le moment d'éclore...

Oh! je ne saurais dire mon effroi en contemplant l'avenir, mes sombres prévisions, mes vagues épouvantes!

Il faut tout avouer... hélas! dans mon désespoir, je regrettai d'être si haut placée dans l'opinion du monde! je ne pouvais en déchoir sans paraître doublement coupable.

Oui, quelquefois j'ambitionnais la condition commune; si j'avais failli à mes devoirs, le monde, disais-je, n'aurait pas été pour moi plus intolérant que pour tant d'autres femmes, l'odieuse conduite de mon mari m'eût encore excusée.

Que faire, me disais-je, que faire? Fuir... abandonner ce que j'aime... mais c'est m'isoler encore, mais c'est me vouer encore aux larmes, au désespoir... Non, non, je suis lasse de souffrir. Et puis quitter des amis si bons, si dévoués ; et puis enfin le quitter, lui... car je l'aime... je sens que je l'aime avec passion... avec idolâtrie...

Hélas ! en était-il donc de cet amour comme de tous les amours, dont l'irrésistible puissance se révèle aux premiers chagrins ?...

Pour la première fois il me coûtait des larmes... pour la première fois j'en reconnaissais toute l'immensité. . . . .

. . . .

J'attendais avec une anxiété cruelle le moment de vérifier si mes alarmes étaient fondées. Peut-être mon imagination avait-elle exagéré mes ressentiments.

Si, lors de ma première entrevue avec M. de Rochegune, je ne m'apercevais d'aucun changement dans mes impressions, je devais être rassurée.

Vers les six heures, je montai chez madame de Richeville. M. de Rochegune y dînait avec moi ce jour-là, et nous devions aller ensuite au concert.

—Eh bien ! ma chère Mathilde — me dit

la duchesse — vous avez profité de cette belle journée de froid pour aller faire vos emplettes. Que pense M. de Rochegune de ces bronzes anciens? il est si connaisseur, que j'aurais une foi aveugle dans son goût.

Pour la première fois je me sentis rougir en parlant de lui.

Je tâchai de répondre d'une voix ferme :

— Je ne suis pas sortie ; j'ai eu un peu de migraine.

Madame de Richeville sourit, me menaça du doigt et me dit :

— Oh! la paresseuse, elle se sera oubliée au coin de son feu à causer avec son ami, et les bronzes auront été sacrifiés.

— Mais non, je vous assure... je...

— Entre nous, vous avez bien raison ; il est si difficile de s'arracher au charme d'une tendre causerie.., Ah çà ! j'espère que vous ne l'avez pas retenu trop tard?... Le concert commence par une symphonie de Beethoven que je voudrais bien ne pas perdre.

— M. de Rochegune m'a quittée de très bonne heure...

— Il fallait donc qu'il y eût quelque bien

grand intérêt pour ne pas finir, selon son habitude, sa matinée avec vous... En vérité, ma chère Mathilde, quelquefois je crois rêver en pensant qu'une telle intimité existe entre une femme de vingt ans et un homme de trente, sans que les médisants osent dire un seul mot, car le monde a cela de bon qu'il s'enthousiasme de tout ce qui est nouveau ; aussi je ne répondrais pas que vos imitateurs ne fussent aussi heureux que vous... sans compter qu'il serait très difficile de trouver deux personnes qui réunissent les garanties que vous et M. de Rochegune pouvez opposer aux calomnies ordinaires.

Ces paroles de madame de Richeville qui, la veille, m'eussent été, comme toujours, très agréables, m'embarrassèrent et me firent de nouveau rougir ; heureusement pour moi, madame de Richeville changea le sujet de l'entretien, et ne s'aperçut pas de mon émotion.

— Ah ! les hommes de cœur et d'honneur sont si rares ! — reprit-elle — je ne puis m'empêcher de faire cette réflexion quand je songe qu'un jour il faudra marier Emma...

— Qu'avez-vous à craindre, mon amie ? que

lui manque-t-il pour trouver un homme digne d'elle ?

—Si l'amour maternel ne m'aveugle pas, il ne lui manque rien ; mais, hélas ! ma chère, mériter, est-ce obtenir ?

— Pensez donc combien elle est belle et merveilleusement douée !

—Oui, mais sa naissance ! — dit la duchesse en soupirant.— Je serai sans doute forcée de lui chercher un mari dans une classe au-dessous de la nôtre. Cette crainte ne vient pas de mon orgueil, mais de ma tendresse ; il y a mille délicatesses de savoir-vivre pour ainsi dire traditionnelles et presque générales dans notre monde, qui se trouvent bien rarement ailleurs. Or, plus le caractère d'Emma se développe... plus je reconnais qu'il lui serait impossible de supporter certaines manières, certaines façons ; oui... je suis presque fâchée qu'elle soit d'une susceptibilité si impressionnable ; c'est une véritable sensitive..... Mais puisque nous parlons de cette chère enfant... il faut que je vous dise une chose que je vous ai tue jusqu'ici.

Je regardai madame de Richeville avec étonnement.

— Probablement je me serai trompée — reprit-elle — puisque la remarque que j'ai faite ne vous a pas frappée... vous qu'elle intéresse particulièrement.

— Moi? Expliquez-vous, je vous en prie.

— Eh bien! — continua madame de Richeville avec une légère hésitation — ne vous êtes-vous pas aperçue, depuis quelque temps, d'aucun changement dans la conduite d'Emma envers vous?

— Non, en vérité; ou plutôt si, si, il m'a semblé qu'elle redoublait de soins et de prévenances... Bien plus, j'avais oublié de vous parler de cet enfantillage qui prouve encore son tendre attachement : il y a huit à dix jours, la voyant rêveuse, comme elle l'est souvent maintenant : je lui dis : — Emma, à quoi pensez-vous?... *Je pense que je voudrais m'appeler Mathilde comme vous* — me répondit-elle. — Pourquoi cela? le nom d'Emma n'est-il pas charmant? — *Oui, mais je préfère celui de Mathilde.* — Mais encore, repris-je, pour quelle raison? — *Je le préfère parce qu'il est le vôtre.*

Je crois qu'en effet cette chère enfant ressent cette préférence... puisqu'elle le dit, car cette âme angélique n'a jamais, je ne dirai pas menti, mais seulement hésité dans sa sincérité.

— Vous avez raison, Mathilde, je l'ai bien étudiée, la franchise est chez elle involontaire, spontanée, ce qui m'a expliqué beaucoup de ses bizarreries apparentes, oui : Emma sait si peu feindre, elle a un tel besoin d'expansion, qu'elle révèle ses idées à mesure qu'elles lui viennent, et sans savoir même le but où elles tendent. En un mot, cette chère enfant ressent pour ainsi dire tout haut, et la cause et la tendance de ses ressentiments lui échappent souvent... Quelquefois je crains que cette singulière disposition d'esprit ne soit une faiblesse de jugement...

— Pouvez-vous croire cela, lorsqu'au contraire Emma vous étonne, vous et nos amis, par sa prodigieuse facilité à tout apprendre, par la grâce charmante de ses réponses ? Non, je trouve, moi, qui ai souvent, hélas ! abusé de l'analyse, je trouve qu'il n'y a qu'une âme d'une pureté angélique, d'une candeur exquise, presque idéale, qui puisse dévoiler ainsi sans crainte et sans examen les impressions qu'elle reçoit... parce que son instinct lui dit que ses impressions ne peuvent être que nobles et généreuses. Vraiment ne trouvez-vous pas au contraire beaucoup de grandeur dans un esprit qui bien souvent dédaigne de se demander le pourquoi et le terme de ses pensées?

— Oui, vous avez raison, vous me rassurez; votre cœur la devine; vous l'aimez comme une sœur, et la pauvre enfant vous a voué les mêmes sentiments; vous ne sauriez croire l'espèce de culte qu'elle a pour vous. Elle m'a priée de la laisser vous imiter, c'est-à-dire se coiffer elle-même et de la même manière que vous; cela ne m'a pas surpris, votre coiffure vous sied à merveille, Elle m'a aussi demandé d'être mise comme vous, autant que cela pouvait s'accorder avec sa position de jeune personne.

— Chère Emma! elle m'aime tant! vous l'avez habituée à s'exagérer si follement ce que vous appelez mes avantages, que, dans sa naïveté, elle ne croit pouvoir mieux me prouver son admiration qu'en m'imitant.

— Vous avez peut-être raison, ma chère Mathilde ; pourtant il y a une chose qui m'a frappée... c'est...

A ce moment Emma entre dans le salon...

Madame de Richeville me fit signe de rester attentive.

CHAPITRE XII.

LE CONCERT.

Emma s'approcha de madame de Richeville, qui la baisa au front... puis, selon son habitude, après avoir embrassé sa mère, elle vint vers moi ; mais tout-à-coup elle s'arrêta comme frappée d'une réflexion subite ; son charmant visage et son cou d'albâtre se colorèrent d'un rose vif ; elle attacha un moment sur moi ses grands yeux avec une expression indéfinissable, puis les abaissa sous leurs longues paupières, tandis que sa figure se nuançait d'un carmin plus vif encore.

Sa mère me fit un signe comme pour me dire d'examiner Emma.

Celle-ci, après un moment de silence, posa

ses deux mains sur son cœur, et dit avec un accent de candeur charmante :

— Mon Dieu! comme mon cœur bat encore... — et elle ajouta en regardant sa mère :

— Je ne sais pourquoi je ne puis maintenant m'empêcher de rougir en voyant madame de Lancry; je me sens si émue que j'hésite un moment avant que de l'embrasser.

Et, comme si elle eût triomphé d'une lutte intérieure, qui se peignit par une sorte de contraction de ses traits, elle me sauta au cou en me disant avec une grâce enchanteresse :

— Ah! heureusement cela passe.... mais pendant un moment cela fait bien mal.

Madame de Richeville me jeta un nouveau coup-d'œil, et dit à Emma :

— Mais enfin, mon enfant, qu'éprouvez-vous, pourquoi ce mouvement?

— Je ne sais — reprit-elle en secouant sa jolie tête d'un air d'innocence angélique; — j'arrive toute joyeuse; mais tout-à-coup, à l'aspect de madame de Lancry, mon cœur bat, se serre douloureusement... Mais cette impression s'évanouit bien vite, et tout mon bonheur revient en l'embrassant.

Et Emma m'embrassa de nouveau.

—Et depuis quand, chère enfant, éprouvez-vous cela?— lui dis-je en pressant ses mains dans les miennes.

— Je ne sais ; cela est venu peu-à-peu. Et ce que je ne comprends pas, c'est que chaque jour ma peine et mon plaisir augmentent. Et encore, non — ajouta-t-elle en ayant l'air de s'intterroger — non... c'est plus que du plaisir que j'éprouve après l'instant de peine que votre présence m'a causée...

— Qu'est-ce donc? — lui demanda sa mère comme moi intéressée au dernier point.

— C'est — dit-elle en hésitant — c'est comme la conscience d'une bonne action que j'aurais faite... c'est comme si j'avais triomphé d'une méchante pensée.

— Mais cette pensée méchante... quelle est-elle? lui dis-je.

— Je ne sais, je crois que je n'en ai jamais eu — me répondit-elle; — mais il me semble que cela doit faire le même mal.

Madame de Richeville et moi nous nous regardâmes en silence.

On annonça successivement madame de Semur, le duc et la duchesse de Grandval.

La conversation se généralisa, on n'attendait plus que M. de Rochegune.

Il arriva bientôt.

Après avoir serré la main de madame de Richeville, il vint à moi ; involontairement et contre mon habitude, mon premier mouvement fut de refuser la main qu'il me tendait. Voyant son étonnement, je me hâtai de la lui donner...

Je ne sais s'il la trouva brûlante ou glacée, je ne sais s'il s'aperçut de ma rougeur et du léger tressaillement qui m'agitait, je ne sais s'il devina l'émotion dont j'étais navrée ; mais il garda ma main dans la sienne une seconde de plus peut-être qu'il n'était convenable de la garder, je la retirai brusquement.

— Comment vous trouvez-vous, votre migraine est-elle passée ? — me dit-il avec intérêt.

— Je vous remercie mille fois, *Monsieur*, je souffre toujours un peu.

Ma réponse causa un nouvel étonnement à M. de Rochegune : notre familiarité était si ouvertement avouée dans le très petit cercle de madame de Richeville, que je ne lui disais jamais *Monsieur*. Il ne me disait non plus jamais *Madame*.

Pour la première fois, je fus confuse de cette preuve d'intimité. On annonça à la duchesse qu'elle était servie; M. de Grandval offrit son bras à madame de Richeville, comme étant plus âgé que M. de Rochegune ; celui-ci m'offrit le sien, je lui dis tout bas presque d'un ton de reproche :

— Et madame de Semur?

Il était trop tard ; madame de Semur, passant devant nous, avait pris gaîment le bras d'Emma.

Maintenant que je me rappelle une à une toutes ces maladresses, ou plutôt tous ces aveux involontaires, je ne puis que les attribuer à mon trouble cruel, à mon manque absolu de dissimulation. Sans me croire coupable, j'avais déjà perdu la sérénité de ma conscience; je répugnais à jouir des doux priviléges dont je me sentais alors moins digne.

Si la réflexion ne m'eût pas bien vite convaincue de la portée de mes imprudences, l'expression des traits de M. de Rochegune, l'inflexion de sa voix (il était placé à côté de moi à table), m'en eussent avertie.

— Mon Dieu, qu'avez-vous donc depuis tantôt? — me dit-il d'un ton doux et triste...

Ces paroles me rappelant à moi-même, pour la première fois je compris la nécessité de feindre ; à tout hasard, quitte à trouver plus tard le moyen de justifier ma réponse, je répondis en souriant à M. de Rochegune :

— Je n'ai rien, c'est un enfantillage que je vous expliquerai; et puis je souffre encore un peu de ma migraine, mais je sens que cela va se passer...

Rassuré par ces mots, M. de Rochegune se mêla à la conversation avec son entrain ordinaire ; je me remis tout-à-fait.

Ce qui me parut seulement singulier, ce fut de rencontrer plusieurs fois le regard d'Emma qui semblait vouloir lire jusqu'au fond de ma pensée.

D'abord, je soutins ce regard en souriant; mais sa physionomie resta impassible comme un masque de marbre, et son coup-d'œil devint d'une fixité si pénétrante que je finis par en ressentir du malaise et par l'éviter.

Je fus sur le point de faiblir encore, croyant follement qu'Emma devinait les pensées qui m'agitaient; mais par un nouvel effort, par un nouvel élan de volonté, je m'élevai au-dessus de ces préoccupations.

Puis, à ce mouvement de contrainte succéda je ne sais quel entraînement auquel je ne pus résister : au lieu d'avoir honte de l'émotion que j'éprouvais auprès de M. de Rochegune, je m'y livrai aveuglément, et je sentis sur mes joues une légère chaleur fébrile; ma réserve se dissipa complètement, je devins très causante, et plusieurs fois madame de Richeville et nos amis s'exclamèrent sur ma gaîté, qui m'étonnait moi-même.

Le dîner fut très amusant. Presque aussitôt nous partîmes pour le concert; j'acceptai cette fois, très bravement le bras de M. de Rochegune.

Je pris une résolution violente, je voulais faire une épreuve décisive pendant cette soirée tout entière passée auprès de M. de Rochegune; je ne changeai rien à mes habitudes de familiarité. Je ne voulais me refuser à aucune des nouvelles impressions que je pourrais éprouver près de lui.

Une fois bien convaincue que mes craintes étaient fondées, je prendrais fermement une détermination.

Nous arrivâmes au concert.

J'étais placée au premier rang, entre madame de Richeville et madame de Grandval ; les hommes de notre société étaient derrière nous.

Je ne sais si mes émotions, combattues, refoulées, jointes à l'espèce d'irritation nerveuse dans laquelle je me trouvais, me prédisposèrent mieux que jamais aux jouissances de la musique ; mais j'éprouvai d'ineffables ravissements, et mon âme enivrée se noya dans les flots d'harmonie qui me transportaient.

Je me souviens surtout d'un moment où, par une bizarre coïncidence, tout concourut à m'exalter encore.

Rubini chantait délicieusement son air de *la Somnambule* ; madame de Richeville, par un mouvement d'admiration involontaire, m'avait saisi la main en me disant :

— Mon Dieu ! que cela est sublime !...

Derrière moi était placé M. de Rochegune : il s'était un peu avancé pour mieux entendre Rubini ; son souffle léger effleurait mon épaule nue, et courait dans les boucles de mes cheveux que je sentais tressaillir... enfin, en écoutant ces chants si adorablement passionnés, j'aspirais le parfum pénétrant d'un magnifique bouquet de roses et de stéphanotis, don chéri d'une main bien chère.

Non, non, de ma vie, je n'oublierai ce moment de bonheur si complet... avoir à ses côtés sa meilleure amie, sentir près de soi l'homme que l'on adore, être bercée par des accents enchanteurs en s'enivrant de la senteur embaumée des fleurs qu'un amant vous a données... n'est-ce pas absorber l'ivresse du plaisir par tous les sens ?

Je ne reculerai devant aucun aveu, je l'ai dit :

Je reconnus avec une sorte de voluptueuse angoisse que jusqu'alors je n'avais rien ressenti de semblable. Jamais la présence de M. de Rochegune ne m'avait aussi violemment agitée, aussi délicieusement émue. Je reconnus enfin que le changement qui s'était opéré dans mon amour, changement si coupable qu'il fût, donnait à toutes mes impressions, naguère si douces et si sereines, je ne sais quel mordant à la fois amer et brûlant qui me charmait et m'épouvantait à la fois...

Enfin, à ce moment, moi toujours si peu glorieuse, je me sentis orgueilleusement belle; il fallut que ma physionomie me trahît; car, après le morceau de Rubini, m'étant, ainsi que madame de Richeville, retournée du côté de M. de Rochegune, la duchesse me contempla un instant en silence, puis elle dit à voix basse à notre ami :

— Mais regardez donc Mathilde... jamais je ne l'ai vue si jolie.

Lui, attacha ses yeux sur les miens d'un air à la fois étonné... ravi ; il tressaillit légèrement, et, par un signe de tête expressif, témoigna qu'il partageait l'admiration de madame de Richeville.

— Vraiment — dis-je tout bas à celle-ci — vous me trouvez jolie ?... eh bien ! je serais ravie que cela fût — ajoutai-je en regardant fixement M. de Rochegune — je n'aurais jamais été plus heureuse d'être belle.

M. de Rochegune me regarda aussi fixement pendant une seconde.

Il est impossible de dire la puissance électrique de ce regard qui remua jusqu'aux dernières fibres de mon cœur... Dans un espace qui échappe à la pensée, je ressentis des enivrements, des défaillances, des extases, des épouvantes qui m'arrachèrent au présent, au passé, à l'avenir... enfin, dans ce regard d'une seconde qui répondait au mien... je vis s'allumer tout-à-coup les feux de la passion la plus ardente...

Le concert continua.

M. de Rochegune retomba comme accablé en appuyant son front dans ses deux mains; plusieurs fois je détournai un peu la tête pour l'apercevoir, il était toujours dans la même position.

Le concert terminé, on convint de prendre le thé chez moi; j'y invitai quelques personnes de notre société que je rencontrai au concert.

Je revenais en voiture avec madame de Richeville, Emma et M. de Rochegune; celui-ci fut taciturne, préoccupé.

Je demandai à Emma si la musique lui avait fait plaisir.

— Non, elle m'a fait mal... j'ai beaucoup souffert — me dit-elle doucement — j'ai eu toutes les peines du monde à ne pas pleurer; il m'a semblé que les chants se transformaient pour moi en une harmonie d'une tristesse navrante.

Nous arrivâmes chez moi.

En passant devant une glace, je fus frappée de l'expression de mon visage. Pourquoi n'avouerai-je pas cette lueur de vanité?

Ainsi que me l'avait dit madame de Richeville, je me trouvais beaucoup plus jolie qu'à l'ordinaire... je me souviens que je portais une robe de moire bleu de ciel très pâle, garnie de dentelles et de nœuds de rubans roses; des camélias de la même couleur étaient placés dans mes cheveux blonds, dont les longues boucles descendaient presque sur mes épaules.

Pendant ce moment rapide où je me contemplai avec une sorte de complaisance, il me sembla que ma taille était plus souple, mes yeux plus brillants, mon teint plus transparent, mes lèvres plus vermeilles, ma démarche plus décidée; je me sentais comme animée, dominée par une force supérieure ; c'étaient en moi des rayonnements, des espérances de bonheur qui arrivaient à l'idéal, lorsque je rencontrais le regard amoureux et inquiet de M. de Rochegune.

Je me plaisais à admirer sa noble physionomie si mâle et si hardie; je m'étonnais de n'avoir pas jusqu'alors assez remarqué combien il était beau de cette beauté fière qui est aux hommes ce que la grâce est aux femmes; chacun de ses regards m'arrivait au cœur et me bouleversait.

Oh! non, non, je ne pouvais plus me tromper, cette fatale expérimentation me dévoila toute l'étendue, toute la profondeur de ce ressentiment passionné.

Cette soirée passa comme un songe ; chose singulière! malgré mes préoccupations, je fis à merveille les honneurs de chez moi ; en me quittant, madame de Richeville m'embrassa et me dit :

— Je vais vous répéter pour votre esprit ce

que je vous ai dit pour votre visage, il n'a jamais été plus charmant que ce soir.

Malgré ma tendre affection pour madame de Richeville, je désirais de la voir sortir, je sentais la force factice qui m'avait jusqu'alors soutenue m'abandonner.

A peine la duchesse m'avait-elle quittée, qu'épuisée par les émotions de la journée, je me sentis défaillir; bientôt je tombai presque sans connaissance entre les bras de ma pauvre Blondeau.

L'épreuve que j'avais voulu tenter ne me laissa aucun doute. L'amour pur, héroïque, était un rêve, une chimère...

Ma faiblesse, l'ardeur de la jeunesse avaient-elles fait évanouir ces admirables illusions? ou bien un tel amour est-il une de ces dangereuses utopies, un de ces funestes mirages qui cachent un abîme? Je ne savais...

D'autres femmes que moi avaient-elles su garder un juste et prudent équilibre entre la froideur et l'entraînement? Était-il des caractères assez fermes, des vertus assez hautes, pour étouffer jusqu'au timide et secret désir? Je l'ignore...

L'amour platonique enfin était-il possible entre deux jeunes gens qui s'aiment avec tous les chaleureux instincts de leur âge? Je l'espérais, je le croyais; j'aimais mieux douter de moi que de douter des autres et de porter atteinte à une idéalité morale et consolante...

Ce qui m'effrayait, c'était la rapidité avec laquelle les mauvaises idées envahissaient mon âme; c'était de voir quels pâles reflets elles jetaient déjà sur le calme attachement qui, la veille encore, suffisait à mon cœur.

Alors comme il me semblait terne et glacé! avec quelle barbare ingratitude je dédaignais déjà les jours passés où j'avais goûté de si nobles jouissances!

Ce brusque changement était et est encore un problème pour moi.

J'aurais oublié mes devoirs pour M. de Rochegune — me disais-je — que ses paroles ne seraient pas plus tendres, ses prévenances plus charmantes, ses soins plus délicats, ses empressements plus vifs.

Y aurait-il donc dans une faute, dans les remords qu'elle cause un attrait fatal? Y aurait-il dans les violentes agitations d'une conscience troublée une sorte de charme cruel et irrésistible? Ou bien enfin croyons-nous n'avoir absolument prouvé notre amour qu'en lui faisant le plus douloureux des sacrifices... celui de notre vertu, celui du repos de notre vie entière?

. . . .

J'étais encore amèrement humiliée en pensant que notre affection était peut-être profanée par moi seule, que M. de Rochegune aurait assez de volonté, assez de raison, pour dompter ses passions, pour préférer un bonheur pur et durable aux angoisses d'un amour coupable et sans doute éphémère et méprisable.

Oui, méprisable, oui, éphémère... car la conscience d'une première faute a cela d'horrible, qu'elle fait germer le doute et la défiance de soi.

On a failli une fois aux résolutions les plus nobles, pourquoi n'y faillirait-on pas de nouveau?

On a cru d'abord à la domination de l'âme sur les sens, l'on s'est trompé... pourquoi ne se tromperait-on pas aussi sur la durée, sur la constance de l'amour qu'on éprouve?

Oh! encore une fois, il n'y a rien de plus horrible que l'idée de cette dégradation successive, pour ainsi dire logique, qu'une première déviation de la vertu doit fatalement entraîner.

CHAPITRE XIII.

L'AVEU.

L'on s'étonne peut-être de ce qu'alors je raisonnais comme si j'eusse été déjà coupable. C'est que je prévoyais que si M. de Rochegune était aussi faible que moi, je n'aurais pas la force de résister à mon penchant.

A ce moment donc les conséquences morales de cette faute *vénielle* étaient les mêmes ; je faisais peu de différence entre la certitude de la commettre et le remords de l'avoir commise.

Je ne pouvais plus compter que sur la délicatesse, que sur l'honneur de M. de Rochegune ; je ne songeai donc qu'à lui cacher à tout prix ce que j'éprouvais... Si j'étais devinée, j'étais perdue.

Je m'attendais à voir M. de Rochegune le lendemain de ce concert.

Il vint en effet sur les deux heures, et me pria de faire fermer ma porte.

Je le trouvai pâle, triste, accablé; ses traits avaient une expresion de langueur touchante que je ne lui avais jamais vue.

Il s'agissait pour moi d'un moment décisif; ma destinée tout entière allait dépendre de ma résolution.

Je rassemblai toutes mes forces, j'appelai à mon aide toute la dissimulation dont j'étais capable, afin de composer mon visage et de paraître insouciante et gaie.

Je me hâtai de dire presque étourdiment à M. de Rochegune :

— Vous m'avez trouvée bien maussade hier matin, n'est-ce pas? Après vous avoir demandé votre bras pour sortir, je vous ai renvoyé; avouez que je suis horriblement capricieuse!

M. de Rochegune garda un moment le silence; puis il me dit :

— Mathilde, vous me croyez honnête homme...?

— Mon Dieu !... quel grave début, mon ami !...

— Grave, en effet, bien grave... et il doit l'être.

— Et pourquoi cela ?

Après un nouveau silence, il reprit :

— Mathilde, je n'ai jamais menti. Hier je vous ai juré de vous confier toutes mes pensées.... bonnes ou mauvaises.... je ne croyais pas devoir tenir si tôt ce serment...

— En vérité, mon ami, vous m'effrayez presque... quel changement subit !

—Mathilde, ceci me paraît un songe. Expliquer ce que j'éprouve est impossible... Je cède à je ne sais quel charme fatal qui depuis hier a bouleversé mes idées les plus arrêtées, mes principes les plus solides ; je ne me reconnais plus... je ne vous reconnais plus vous-même.

— Que dites-vous ?

— Depuis hier j'ai vu en vous une femme que je n'avais pas encore vue.

— Je... je... ne comprends pas — dis-je en tâchant de sourire — je ne sais comment, depuis hier, j'ai pu vous apparaître sous un jour si différent.

—En vain j'ai voulu m'expliquer la cause de cette transformation, je ne l'ai pas pu. En vain je me suis demandé pourquoi votre vue m'a causé hier une émotion que je n'avais jamais ressentie. Votre physionomie n'était plus la même... Madame de Richeville s'en est aperçue comme moi, sans doute, car elle vous a dit que jamais vous n'aviez été plus jolie... Cela était vrai... Votre regard, ordinairement si doux, si calme et si limpide, était tour à tour brillant ou chargé de trouble et de langueur; votre voix était plus vibrante, votre teint plus animé, votre sourire plus éclatant... Penché sur votre épaule, j'ai cru la voir frissonner sous mon souffle... Vous étiez entourée de je ne sais quelle atmosphère magnétique qui m'attirait, qui m'enivrait... Non, ce n'est pas une illusion. Vous étiez, vous êtes maintenant plus belle que vous ne l'avez jamais été... ou plutôt vous êtes belle d'une beauté de plus.

— Allons, mon ami, vous êtes encore plus poëte que d'habitude ; vous voulez essayer de nouvelles flatteries... Peut-être, hier, étais-je mise à mon avantage... Voilà tout le mystère de ce changement... Ce qui n'a pas changé, ce sont les sentiments que vous a voués votre amie... votre sœur...

— Ma sœur... ma sœur ! Je ne vous ai jamais aimée comme une sœur... je vous l'ai dit... Seulement jusqu'ici j'ai eu du courage, jusqu'ici j'ai eu de la volonté... jusqu'ici j'ai cru que l'on pouvait impunément aimer une femme comme vous... jusqu'ici j'ai cru que l'intimité dans laquelle nous vivions me suffirait et j'ai cru que la sublimité d'un amour idéal, que l'admiration qu'il m'inspirait me raviraient à toute humaine passion... Eh bien, Mathilde ! je n'ai plus ce courage, je n'ai plus ces croyances : serments, vœux, promesses, tout est oublié...Ma passion, si longtemps comprimée, éclate à la fin... Mathilde... Mathilde, je l'avoue, il n'y a qu'un lâche... c'est moi... qu'un coupable... c'est moi ; mais au moins pitié, pitié pour un amour brûlant... insensé... qui égare ma raison !

Je frémis du péril que je courais. En me retraçant ses émotions, M. de Rochegune me disait les miennes.

Je ne pus vaincre un secret sentiment de bonheur et d'orgueil en me voyant si follement aimée ; mais je rappelai bientôt mon courage : je me sentis plus forte en voyant M. de Rochegune si faible... Je me dis qu'il serait beau à moi de remonter cette grande âme à sa hauteur et de me sauver de moi et de lui. Je ne craignais mon enivrement que s'il le partageait.

Après un moment de silence, je lui répendis d'un ton affectueux mais calme et sérieux :

— Pardonnez-moi, mon ami, de vous avoir d'abord répondu légèrement ; vous me donniez une touchante preuve de confiance en me faisant cet aveu, je vous en remercie.

Et je lui tendis la main avec dignité. La réserve de mon langage le frappa ; je repris :

— Quoiqu'il y ait sans doute de l'exagération dans ce que vous m'avez dit, cela ne m'étonne pas, je m'y attendais.

— Vous, Mathilde ?

— Oui... mon ami ; souvenez-vous de notre conversation d'hier... Ne m'avez-vous pas dit : « L'intimité dont nous jouissons ne nous est « acquise qu'au prix de nos sacrifices ; plus ils

« seront grands, plus ils nous seront comp-
« tés. ! »

— Mathilde — s'écria-t-il avec exaltation — ne me parlez pas du passé, un abîme sépare hier d'aujourd'hui !

— Alors donc, mon ami — lui dis-je en souriant doucement — alors, comme la fée de la légende, je jetterai un pont invisible sur cet abîme, je vous prendrai par la main, et je vous ramènerai dans notre région céleste, toute rayonnante de pureté, de noblesse et d'honneur, où, comme par le passé, nos deux âmes planeront encore fières et radieuses de leur élévation.

Malgré le sourire que j'avais aux lèvres, mon cœur était navré ; M. de Rochegune semblait douloureusement affecté de mes paroles. Il resta quelque temps silencieux, puis il reprit, avec une tristesse douce, accablée, presque craintive :

— Vous avez raison, Mathilde ; le passé a été tel que vous le retracez. J'ai eu ces généreuses croyances, ces nobles inspirations ; je vous ai aimée ainsi. Mon caractère était énergique, ma volonté ferme, ma parole sacrée, mon cœur vaillant et hardi. Par quel phénomène inexplicable tout a-t-il changé? Je ne le sais... Oui... cela est vrai ; hier encore, je vous le disais, au dessus du bonheur dont je jouissais près de vous, je ne voyais que la réalisation du dernier vœu de mon père. Eh bien ! en un jour, mon ambition s'est accrue jusqu'au délire ; mais cette ambition ne m'a pas fait déchoir dans ma propre estime... Elle m'a élevé...

—Que voulez-vous dire, mon ami ! ne serait-ce pas profaner notre amour que...

Il ne me laissa pas achever, et reprit d'un air grave et pénétré : — Le profaner... oh ! non, Malthide, non ; ne voyez pas dans ce que je vais vous dire une subtilité sacrilége ou l'hypocrite excuse d'un amour coupable... Ce ne sont pas seulement les désirs passionnés de la jeunesse que je vous exprime ici...non , j'exprime encore le vœu le plus noble que Dieu ait mis au cœur de l'homme, le vœu de ce bonheur de tous les instants que l'on ne peut goûter que dans la douceur enchanteresse du foyer domestique. En un mot, vous me comprendrez, Mathilde ; en vous j'adorerais peut-être plus encore l'épouse... que la maîtresse...Vous êtes à la fois si belle et si sainte... que l'ivresse que vous inspirez devient chaste et sérieuse... Il suffit de votre pensée pour tout épurer, pour donner à un amour coupable le but, le caractère sacré d'une union solennelle...

— Eh bien, mon ami... je vous en conjure au nom de ces sentiments que vous m'accordez, calmez votre exaltation.

—Non, non ! le bonheur dont je jouis près de vous ne me satisfait pas, parce qu'il est incomplet ; ce n'est plus la liberté de vous voir maintenant, que je veux... c'est passer ma vie entière près de vous... Entendez-vous, Mathilde ! oui, je veux entre nous des liens indissolubles pour vous être à tout jamais enchaîné : je veux tous les droits pour vous prouver tous les dévouements; tous les bonheurs, pour vous devoir toutes les reconnaissances !

— Mais jusqu'ici, mon ami, n'avez-vous pas été pour moi plein de dévouement et de bonté ?

— Et! qu'est-ce que cela auprès de cette vie intime, concentrée dans sa propre félicité, où l'on jouit de tous les dons que Dieu a accumulés sur ceux qu'il aime, où l'on se repose d'une adoration par une idolâtrie, où la beauté morale rend plus précieuse encore la beauté physique : car si Dieu a voulu qu'une belle âme eût une belle enveloppe, c'est pour que ces deux charmes se confondissent en un seul; les séparer, c'est outrager la nature !

— Ah ! ce langage...

— Contraste avec celui que je tenais hier : soit ; mais hier comme aujourd'hui j'ai parlé vrai.

— Mais ce changement si brusque?

— Il me confond, il m'accable, Mathilde. Pour l'expliquer, il faut avoir recours à cette vulgaire mais juste comparaison de la goutte d'eau qui fait enfin déborder la coupe. Les circonstances les plus infimes décident des événements les plus graves lorsque l'heure est venue... Je n'en doute pas, demain, un serrement de main, l'accent de votre voix eussent fait éclater toutes les violences de cette passion longtemps comprimée. Hier, en vous parlant de sacrifices, Mathilde, je ne me servais pas d'un vain terme. Mais l'héroïsme a des bornes. Et puis une pensée fixe, unique, est maintenant sans cesse présente à mon esprit : ce serait de vivre avec vous au fond de je ne sais quelle solitude. Pour vous et pour moi les plaisirs du monde sont une vanité, Mathilde... Ah ! si vous vouliez... — Et il s'interrompit, craignant d'avoir trop dit.

Je ne le comprenais que trop ; le même désir m'était déjà venu : il fallait encore que mes lèvres continuassent de démentir ma pensée. A ces élans passionnés, dont, malgré moi, je ressentais le choc jusqu'au fond du cœur, il fallut répondre par de froides, par de sévères paroles...

— En vérité, mon ami — lui dis-je — je ne vous reconnais plus... C'est vous... vous qui me proposez de fouler aux pieds toutes les convenances, tous les devoirs ; de tromper l'amitié, la confiance de nos amis... Songez-y... de quels sarcasmes le monde ne les poursuivrait-il pas ! Les rendre complices de notre faute, les vouer à d'amères railleries parce qu'ils ont une foi aveugle en notre honneur... tenez, soyez franc et répondez... Si je consentais à fuir avec vous... que penseraient de nous le prince d'Héricourt, sa femme, qui ont si loyalement protégé notre amour?...

Cette question interdit M. de Rochegune : il hésita quelques moments de parler : j'étais désolée de la lui avoir faite, car il me semblait, hélas! que nous ne pouvions y répondre.

Dans cet entretien, malgré la réserve apparente de mes paroles, je me sentis plus troublée, plus éprise que jamais... J'étais, hélas! j'ose l'avouer, peut-être encore plus de l'avis de M. de Rochegune qu'il n'en était lui-même, mon amour pour lui atteignait son paroxisme : à chaque instant j'étais sur le point de lui dire fuyons...

Il reprit tristement :

— Je n'ai jamais menti, Mathilde... je ne mentirai pas en cette occasion... Si vous consentiez à me suivre... j'irais trouver le prince et je lui dirais tout...

— Et quels reproches n'aurait-il pas le droit de vous faire, lui, lui!...

— Eh! après tout — s'écria M de Rochegune avec une impatience douloureuse — qu'importent le prince, les jugements du monde! voulons-nous les braver? En disparaissant de la société, ne nous condamnons-nous pas ; ne renonçons-nous pas à son estime, à son intérêt ? Que veut-on de plus ? Ne pouvions-nous pas agir moins noblement, abuser de cette confiance qu'on nous témoignait, est-il donc si difficile de tromper des yeux prévenus !

— Ah ! vous et moi étions incapables d'une telle infamie !

— Je le sais ; aussi aurions-nous le courage de renoncer hardiment à la haute position que nous nous étions faite : tant que nous y sommes restés, n'en avons-nous pas été dignes ? Une chute honteuse ne nous en ferait pas démériter ; ce serait une renonciation libre, volontaire. A l'admiration du monde, nous aurions préféré notre bonheur ; il n'y a là ni lâcheté ni trahison... Je le dirais à la face de tous... comme j'ai dit...

— Hélas ! mon ami — lui dis-je en l'interrompant — cesserions-nous d'être coupables en avouant hautement que nous le sommes ? Cet aveu ne serait plus une généreuse audace, mais une grossière effronterie. Ah ! croyez-moi, si nous succombions, il faudrait fuir honteusement et nous cacher comme des criminels.

— Oh! vienne ce jour bienheureux, Mathilde, et jamais mon front n'aura été plus fier... plus justement fier!

—Pouvez-vous parler ainsi! et la honte... et le déshonneur pour moi?

— Le déshonneur! n'êtes-vous pas libre? Le monde n'a-t-il pas lui-même prononcé une sorte de divorce moral entre vous et votre mari? Votre position peut-elle être comparée à celle d'aucune autre femme?

— Oui, aujourd'hui, à cette heure encore, je ne puis être comparée à personne; mais que j'oublie mes devoirs, et demain je serai, comme tant d'autres, une femme qui se venge des tromperies de son mari en le trompant à son tour. Bien plus, après avoir eu l'insolente audace de me poser en femme supérieure aux faiblesses humaines, je serai renversée de cet orgueilleux piédestal au milieu des mépris universels...

—Et où vous atteindront-ils, ces mépris? Venez... oh! venez, Mathilde, mon amour vous en défendra... le bonheur vous vengera...

Qui vit pour le monde et par le monde, peut le redouter; qui vit par soi et pour soi dans la retraite, le dédaigne et le brave. Amis, orgueil, ambition, devoir, j'ai tout oublié; je ne vis que pour une seule pensée, que pour un seul désir... vous, vous, toujours vous.

— Mais votre carrière, mais votre avenir, mais tant d'infortunés qui n'existent que par vous, mais votre pays, auquel votre voix est si souvent utile?

M. de Rochegune haussa les épaules. — Rêveries creuses et sonores, stériles utopies que toute cette vaine politique. Quant à mes malheureux, c'est différent; du fond de cette retraite nous veillerons sur eux, nous serons leur mystérieuse Providence : ils n'y perdront rien... Est-ce qu'un amour comme le nôtre ne suffirait pas à nous rendre généreux et bienfaisants si nous ne l'étions déjà?... Vous me regardez avec surprise, Mathilde... vous êtes étonnée de m'entendre parler ainsi, moi naguère si jaloux de ce que je dédaigne aujourd'hui... Moi aussi je m'étonne et je m'en réjouis...

— Que dites-vous?

—Oui, ce brusque changement dans mes idées me prouve que votre influence sur moi augmente encore.

— Autrefois j'étais fière de cette influence, elle vous inspirait les plus nobles actions; aujourd'hui j'en rougis, elle ne vous inspire que des résolutions indignes de vous.

—Et qui vous dit cela? et qui-vous dit que de nos tumultueuses passions ne sortiront pas quelques grands exemples, quelque dévouement sublime? Je ne sais ce que l'avenir nous réserve, mais ce n'est pas en vain que Dieu nous a rapprochés. Oui, notre chute apparente doit cacher quelque résurrection magnifique; deux âmes comme les nôtres ne peuvent se rencontrer dans un véritable, éclatant et profond amour, sans laisser après elles quelque souvenir de majesté : oui, une voix, qui ne m'a jamais trompé, me dit que malgré les reproches, l'éloignement peut-être momentané de nos amis, ils nous reviendront, par la force des événements, plus dévoués que jamais, parce que jamais nous n'aurons été plus dignes d'eux...

— Comment ?

— Je ne sais, mais j'en suis sûr : encore une fois, Mathilde, je vous dis que quoi qu'il paraisse, cet amour est noble et grand s'il en fut jamais ; je vous dis que l'avenir le prouvera.

L'accent, la physionomie de M. de Rochegune exprimaient tant de foi dans ce qu'il disait, je me sentais aussi moi-même si fatalement persuadée que notre amour devait avoir de brillantes destinées, que malgré ma résolution de rester froide et réservée, je ne pus résister à un mouvement d'entraînement, et je m'écriai :

— Oui, oui, je vous crois, ce que vous dites là, je le sens, il me semble que vous traduisez les plus secrets mouvements de mon cœur!

— Mathilde!... — s'écria-t-il en tombant à mes genoux et en prenant mes mains dans les siennes avec un mouvement d'adoration passionnée — oh! venez... Fuyons alors... Venez... venez... mon amie, ma sœur, ma maîtresse, ma femme...

Ces mots, les regards enivrés de M. de Rochegune, tout me rappela à moi-même ; je me levai brusquement...

— Mathilde — s'écria-t-il en cachant son visage dans ses mains — pardonnez-moi... je suis insensé !

Quelques minutes me suffirent pour calmer mon émotion ; je lui dis le plus froidement qu'il me fut possible :

— Vous êtes insensé en effet de croire que je m'exposerai jamais à rougir de vous et de moi.

Il jeta sur moi un regard désolé, puis il s'écria d'un ton déchirant :

— Ah ! vous ne m'aimez pas comme je vous aime...

Et il pleura.

Je l'avoue, ô mon Dieu ! si j'eus la force de ne pas le détromper, de ne pas lui dire que je partageais sa folle passion... ses idées justes ou injustes, élevées ou coupables, c'est qu'en ce moment même je prenais la résolution de fuir avec lui, si, après une dernière et courageuse épreuve, je ne pouvais vaincre ce funeste entraînement.

Pour me réserver toute liberté d'agir, je devais alors lui ôter tout espoir et le rendre ainsi, à son insu, mon auxiliaire dans la lutte suprême que je voulais tenter.

— Je ne vous aime pas? — lui dis-je. — Pouvez-vous me faire ce cruel reproche! N'est-ce pas parce que je vous aime tendrement que j'ai le courage de vous épargner, ainsi qu'à moi, des remords éternels!

Il se leva et se mit à marcher avec agitation en essuyant ses yeux.

Je fus mise encore à une rude épreuve; quelques boucles de sa chevelure s'étant dérangées, je vis à son front la cicatrice de la blessure qu'il avait autrefois reçue en venant savoir de mes nouvelles, lorsqu'il était tombé dans un guet-apens que lui avait tendu M. Lugarto.

La vue de cette cicatrice, en me rappelant depuis combien d'années durait le dévouement de M. de Rochegune, fit que ma résolution de lui cacher ce que j'éprouvais me devint plus pénible encore.

Il s'arrêta tout à coup devant moi et me dit:

— Mathilde, croyez-vous qu'il me soit possible de cacher aux yeux de nos amis les émotions qui m'agitent?

— Je crois qu'en réfléchissant aux suites cruelles que...

Il m'interrompit.

— La réflexion, la volonté sont — dit-il — impuissantes à contenir, à dissimuler un sentiment aussi violent... à chaque instant d'ailleurs ne remarquera-t-on pas entre nous une contrainte, une réserve affectée, qui ne contrastera que trop avec notre abandon habituel?

— Peut-être... mon ami, et en vous observant bien... et puis, laissez-moi espérer... que cette exaltation passagère se calmera, que vous, si courageux, vous vaincrez ce fol enivrement.

— C'est parce que mon caractère était ferme et courageux, Mathilde, que je sens mieux encore l'irrésistible puissance du sentiment qui me domine... mais c'est aussi parce que je suis ferme et courageux... — Puis il hésita.

— Parlez, mon ami .. parlez...

— Eh bien, c'est parce que je suis courageux que j'aurai la force de prendre le seul parti qui puisse nous sauver tous deux!

Puis, les lèvres contractées par le désespoir, il dit d'une voix altérée :

— J'aurai la force de vous quitter...

Ce coup était si terrible, j'y étais si peu préparée, que je m'écriai en joignant les mains :

— Me quitter! mais c'est impossible!... Mon Dieu!... vous n'y pensez pas!

— Mais que voulez-vous donc que je fasse, alors, malheureuse femme?... Cesser de vous voir? C'est éveiller mille soupçons, provoquer les questions de nos amis, qui seront d'autant plus pressantes que nous ne devons avoir rien à cacher... Vivre auprès de vous comme autrefois, je vous dis que cela m'est impossible. Je prétexterai donc un voyage ; je partirai.

— Vous ne partirez pas... je ne le veux pas... Je vous aime, moi... j'ai mis en vous tout l'espoir... tout l'avenir de ma vie. Il est impossible que vous m'abandonniez ainsi! vous n'aurez pas cette cruauté!

— Mais que faire, alors ? que résoudre?

— Je ne sais... mais, au nom du ciel... par la mémoire de votre père... ne me quittez pas... je n'y pourrais pas survivre... J'ai été déjà si malheureuse... mon Dieu! que je n'aurai plus la force d'endurer de nouvelles douleurs.

— Écoutez, Mathilde... vous ne me croyez pas capable de vous menacer de mon départ pour vous forcer à me suivre... Je ne parle, je n'agis jamais légèrement... Après avoir tout considéré, je vois qu'il ne me reste qu'à partir... je partirai donc... que Dieu me soit en aide!

— Ciel! vous m'épouvantez — m'écriai-je frappée de la sinistre expression de ses traits. Il me comprit et me répondit :

— J'ai sur le suicide des idées qui ne changeront jamais : c'est une lâcheté..... je ne serai jamais lâche... c'est parce que je ne pourrai pas me tuer que je serai désormais le plus misérable des hommes.

Et il cacha encore sa figure dans ses mains en sanglotant.

Vaincue par ses larmes, j'allais tout lui avouer, renoncer à une dernière lutte, lui dire combien je l'adorais, lorsqu'après un moment de silence il releva la tête et me dit :

— Après tout, nous sommes des insensés de vouloir décider en une heure du destin de toute notre vie entière... Mathilde... Pas un mot de plus... nous sommes sous le coup d'impressions trop vives pour continuer cet entretien. Je pars aujourd'hui, je reviendrai dans quinze jours avec les mêmes idées que j'emporte... je vous en préviens... mais vous... vous aurez eu le loisir de réfléchir mûrement à la proposition que je vous ai faite ; je reviendrai donc pour vous consacrer ma vie tout entière ou pour vous dire un éternel adieu. Je ne vous écrirai pas... je vous laisserai seule à vous-même. Tout mon espoir est que le passé vous parlera de moi... et que l'avenir... vous parlera pour moi...

Puis, me tendant la main avec une triste solennité, il me dit d'une voix profondément émue : — Dans quinze jours...

Je serrai sa main en répétant : — Dans quinze jours.

Il me quitta.

CHAPITRE XIV.

UNE VISITE.

Après le départ de M. de Rochegune, je me mis à fondre en larmes; je me reprochai mon apparente insensibilité; je craignis de l'avoir désespéré, d'avoir risqué peut-être de l'éloigner de moi.

Je regrettai amèrement de n'avoir pas suivi mon premier mouvement, qui me disait de tout abandonner pour le suivre; s'il me quittait... la froide estime du monde compenserait-elle jamais la perte de cet amour dans lequel j'avais concentré tout le bonheur, toutes les espérances de ma vie?

Au milieu de ces perplexités poignantes, je

me demandais si je ne résistais pas plus par orgueil que par devoir ; je tâchais de me convaincre de cette pensée afin d'avoir un prétexte de céder aux vœux de M. de Rochegune.

Alors je rêvais avec délire à la vie qui m'attendait près de lui ; la sûreté de son caractère, son esprit, sa tendresse exquise, tout me présageait l'existence la plus fortunée.

Je reconnaissais de plus en plus la vérité des paroles de M. de Rochegune. Mon amour pour M. de Lancry avait-il été, en effet, une *surprise de cœur?* je n'avais, pour ainsi dire, eu aucune raison *sérieuse* de l'aimer avant mon mariage. Ses dehors charmants, la grâce de son esprit m'avaient séduite. Dans mon opiniâtreté à l'épouser, malgré les sages avis de madame de Richeville et de M. de Mortagne, il y avait eu plus de parti pris, plus d'étourderie, plus de désir d'échapper à mademoiselle de Maran que de passion réfléchie ; plus tard, lorsque les torts de mon mari devinrent si odieux, je persistai à l'aimer par habitude, par héroïsme de souffrance et d'abnégation, et surtout par suite de cette influence presque irrésistible que prend toujours sur une jeune fille le premier homme qu'elle aime.

Au milieu de mes chagrins j'avais haï cet amour *sans nom,* j'en avais rougi comme d'une mauvaise action ; et pourtant en aimant ainsi mon mari, je remplissais un devoir sacré. Enfin lorsque, poussée à bout par une dernière trahison qui m'avait coûté mon enfant, j'avais échappé à l'épouvantable domination de M. de Lancry, je n'avais conservé pour lui qu'un mépris glacial...

Quelle différence, au contraire, dans les phases de mon attachement pour M. de Rochegune ! Son généreux dévouement pour moi, l'admiration que m'inspiraient ses rares qualités avaient d'abord jeté dans mon cœur, et presque à mon insu, les profondes racines de cet amour ; puis, lorsque je me retrouvai moralement libre, ce furent de nouvelles et touchantes preuves de l'affection la plus constante et la plus noble : alors à mon admiration pour lui, sentiment sévère et imposant, se joignit une amitié affectueuse et tendre... puis l'amour pur et idéal... puis enfin la passion brûlante.

La gradation constante de ce sentiment n'en assurait que trop la durée.

Ainsi que toutes les choses grandes, puissantes et humainement éternelles, cet amour avait une base profonde, inébranlable. Comme le chêne que la foudre brise et ne déracine pas, cet amour avait lentement, imperceptiblement grandi....; l'orage ou les saisons pouvaient effeuiller ses verts et frais rameaux, mais jamais l'arracher du sol où il était né.

En un mot, telle était la différence de ces deux amours : — en aimant mon mari, en me dévouant pour lui avec l'abnégation la plus aveugle, j'avais éprouvé une sorte de honte, j'avais été la plus malheureuse des femmes; en me résignant avec courage, mes souffrances avaient à peine intéressé ; ma résignation avait semblé stupide...

Au contraire, j'étais heureuse et fière de mon amour pour M. de Rochegune ; le monde m'approuvait, je me sentais enfin élevée, grandie par ce sentiment, qu'une inflexible morale aurait pu réprouver.

Tantôt ces réflexions me semblaient toute-puissantes en faveur de M. de Rochegune, tantôt j'y puisais une nouvelle force pour lui résister... Notre position à tous deux me semblait si magnifique, que je ne pouvais me résoudre à la perdre.

Mais alors je comparais malgré moi les enchantements d'une vie amoureuse et ignorée aux sacrifices que m'imposaient cette brillante couronne de pureté, cette souveraineté de vertu, cette éclatante majesté du renoncement.

Oh! alors il me semblait insensé de préférer un vaste et froid palais de marbre et d'or que l'on occupe seule... à une délicieuse retraite où l'on cache un amour heureux au milieu de la verdure et des fleurs...

Hélas! il faut être femme pour comprendre ces terribles luttes de la passion et du devoir.

Les hommes ne les subissent jamais; leurs cruelles alternatives se réduisent à obtenir ou à ne pas obtenir... tandis que ce n'est souvent qu'après de douloureuses anxiétés, qu'après d'affreux tourments, que nous accordons ce que nous désirons le plus d'accorder.

Les hommes ressentent ces terribles angoisses lorsqu'il s'agit de leur honneur, jamais lorsqu'il s'agit du nôtre.

M. de Rochegune était le type des hommes de cœur, de courage et de loyauté chevaleresque. Il n'avait pourtant pas hésité un moment entre son amour et l'éloignement de ses amis... entre sa passion et ma honte. . . . .

. . . . , . .

Ces résolutions, tour-à-tour faibles et héroïques, avaient duré plusieurs jours.

Le départ de M. de Rochegune m'accablait, m'ôtait beaucoup de ma force. Cette absence me donnait une douloureuse idée de ce que serait ma vie sans lui.

J'en étais déjà venue à ne plus admettre cette hypothèse, j'aurais consenti à tout plutôt que de le perdre; j'espérais seulement obtenir de lui d'essayer encore de vivre près de moi comme par le passé, de tâcher de se vaincre, dussions-nous pendant quelque temps renoncer aux douceurs de notre habituelle intimité.

Une fois placée dans l'alternative de le perdre ou de le suivre, que résoudre? le désespérer... lui toujours et depuis si longtemps dévoué... lui que j'aimais, que j'aimais de toutes les forces de mon âme..... Le désespérer....

lorsque d'un mot, d'un seul mot, en faisant le bonheur de sa vie... je réalisais l'idéal de la mienne... Non... non... jamais... Et j'étais sur le point de lui écrire... Venez... venez... partons...

Les heures, les jours, les nuits se passaient dans ces irrésolutions; peu-à-peu elles affaiblirent mon courage : bientôt... funeste symptôme, je n'osai plus interroger mon cœur, tant j'étais sûre de le voir me répondre en faveur de M. de Rochegune. . . . .
. . . .

M. de Rochegune avait donné à madame de Richeville une explication toute naturelle de son départ, en lui annonçant que quelques affaires importantes l'appelaient dans une de ses terres. J'avais prétexté moi-même d'une migraine violente pour rester seule le soir.

Un jour madame de Richeville, à qui j'étais allée faire ma visite habituelle, me dit qu'Emma, indisposée depuis quelques jours, se trouvait très souffrante, elle était beaucoup plus absorbée qu'à l'ordinaire. Je demandai à la voir; elle reposait, je ne voulus pas la réveiller.

J'envoyai plusieurs fois Blondeau savoir de ses nouvelles, la journée se passa assez paisiblement.

Le lendemain de très bonne heure, madame de Richeville entra chez moi; je fus frappée de l'altération de ses traits.

— Grand Dieu... qu'avez-vous?—lui dis-je.

— Emma m'inquiète au dernier point — me répondit-elle; — j'ai passé la nuit près d'elle... Tout-à-l'heure, elle vient de s'assoupir un peu; je profite de ce moment pour venir... pour venir pleurer auprès de vous! — s'écria-t-elle en ne pouvant plus contenir ses larmes — car devant elle je n'ose pas... — Et la pauvre mère se mit à sangloter.

— Mais rassurez-vous — lui dis-je — il ne peut y avoir rien de sérieux dans l'indisposition d'Emma. Hier que vous a dit votre médecin? Il n'en est pas de plus habile et de plus sincère...

— C'est justement parce qu'il est très habile, et qu'il m'a avoué son ignorance au sujet de la maladie d'Emma, que je suis horriblement effrayée; il ne trouve aucune cause apparente à la langueur qui accable de plus en plus cette malheureuse enfant... Il lui trouve une fièvre lente et nerveuse ; mais il avoue que d'un moment à l'autre... une crise violente peut éclater.

— Mais Emma souffre-t-elle ?

— Non ; elle le dit du moins, peut-être de crainte de m'affecter.

— Mais cette nuit qu'a-t-elle éprouvé ? Pourquoi êtes-vous plus inquiète ce matin ?

— Cette nuit elle a été très agitée... Hier soir, je me suis établie près d'elle... elle allait mieux. Son visage était pâle, mais calme ; elle ne dormait pas. Je lui ai proposé de lui lire une méditation de M. de Lamartine, elle m'a tendrement remerciée ; après m'avoir écoutée, elle m'a dit avec cette grâce naïve qui n'appartient qu'à elle : « Mon Dieu, quelle « douceur dans ces vers admirables ! Merci ! « oh ! merci, je me sens mieux... il me sem- « ble que je suis moins oppressée ; mais puis- « que le langage de l'âme me fait tant de bien... « c'est donc l'âme que j'ai malade ? »

— Pauvre enfant ! — dis-je à madame de Richeville — cela est étrange.

— Oui, bien étrange, Mathilde, et ces paroles ont éveillé en moi une crainte affreuse...

— Et quelle crainte?

— Toute la nuit une cruelle pensée m'a poursuivie, lorsque l'agitation d'Emma est revenue avec son accès de fièvre, lorsque plusieurs fois ses regards brillants se sont attachés sur les miens... Oh!... Mathilde, il m'a semblé y voir un secret reproche.

— Mais expliquez-vous, mon amie; je ne vous comprends pas...

— Eh bien, sans pouvoir deviner comment elle pourrait être instruite de ce fatal secret... je tremble qu'elle ne sache que je suis sa mère... Oh, Mathilde! cette âme est si candide que pour elle ce coup serait mortel...

Je regardai madame de Richeville avec étonnement; cette idée me frappa d'autant plus qu'elle m'expliquait les rêveries et la triste préoccupation d'Emma.

Je ne doutai pas non plus que la révélation de ce mystère ne fut fatale pour cette jeune fille, qui éprouvait une horreur insurmontable pour les actions honteuses ou criminelles. Cette angélique et précieuse ignorance avait été soigneusement entretenue par sa mère, et les enseignements qu'Emma trouvait dans l'entretien des amis de madame de Richeville avaient encore exalté son excessive délicatesse.

Qu'on juge donc de la terrible perturbation qu'une pareille découverte aurait apportée dans l'esprit d'Emma, quelle lutte effrayante se serait engagée entre la susceptibilité outrée de ses principes et l'attachement profond qu'elle ressentait pour madame de Richeville.

N'apprendre que celle-ci était sa mère... que pour être forcée de la mépriser...

— Eh bien ! — reprit la duchesse avec angoisse — n'est-ce pas, Mathilde, que mes craintes sont fondées ?... C'est affreux... — s'écriat-elle avec désespoir. — Elle sait tout... elle sait tout... Je n'oserai plus la regarder sans honte... Ah! c'est une terrible punition que celle-là... rougir devant son enfant... La vengeance de Dieu n'est pas encore satisfaite... Oh! je suis bien loin d'avoir tari ma coupe d'amertume — dit-elle avec abattement.

— Ne croyez pas cela — lui dis-je — par cela même que je partage vos craintes, que je connais le caractère d'Emma et l'effet que produirait sur elle une révélation pareille... je crois qu'elle a des soupçons, peut-être... mais non pas une certitude... qui aurait causé en elle une secousse violente.

—Mathilde, vous voulez me rassurer ; au nom du ciel parlez-moi franchement.

— Ma pauvre amie, je m'adresse à votre raison. Vous connaissez comme moi le cœur d'Emma ; nous avons, naguère encore, analysé cette franchise si impérieuse chez elle qu'elle épanche toutes ses impressions à mesure qu'elles lui viennent, sans même prévoir où elles tendent. Et bien ! croyez-vous qu'il lui soit possible de vous cacher un secret d'une telle importance, de dissimuler les agitations qu'elle en ressentirait ?... Et, tenez, maintenant je vais plus loin : il se pourrait que l'instinct de son cœur eût suffi pour éveiller en elle de vagues soupçons qu'elle ne s'explique pas encore...

—Mais, il n'importe ; pour être éloigné, le danger n'en est pas moins menaçant !—s'écria madame de Richeville. — Si ce secret n'appartenait qu'à vous et à moi ou à M. de Rochegune, je n'aurais aucune crainte ; mais mon mari, mais cet infâme Lugarto, mais cette femme indigne qui le lui a vendu, le possèdent, ce secret; d'un moment à l'autre ce coup peut m'atteindre?

— Ne prévoyez pas le malheur de si loin, mon amie, vous allez me trouver bien optimiste, mais, en y réfléchissant davantage, je pense qu'il vaut mieux que ces vagues soupçons se soient peu à peu éveillés dans l'esprit d'Emma ; peut-être notre salut est-il là. Sans doute alors on pourra, on devra peut-être lever avec ménagement le voile qui couvre sa naissance, et prévenir ainsi une brusque révélation qui... je le crains, et je dois vous l'avouer, mon amie... serait dangereuse pour elle.

— Mathilde, vous êtes mon ange tutélaire ; vos paroles, remplies de tendresse et de raison, vont à la fois à l'esprit et à l'âme... Je crois votre avis plein de sens... Oui, il serait peut-être possible, avec la plus grande circonspection, de la préparer à cet aveu et d'en amortir l'effet. Alors, oh ! alors, je serai trop heureuse de pouvoir lui dire, *ma fille*... Oh ! mon Dieu ! Mais non... non... une telle félicit ne peut m'être réservée...—ajouta tristement la duchesse ; — cela serait trop de bonheur. Il faut que j'expie la naissance d'Emma...

— Mais ne l'avez-vous pas déjà expiée par vos chagrins, rachetée par votre vie exemplaire ?

— Ma crainte est d'adopter trop aveuglément votre avis, j'y suis trop intéressée... Tenez, dès que M. de Rochegune sera de retour, nous en causerons avec lui ; s'il partage votre opinion, nous aviserons aux moyens de faire connaître la vérité à Emma. Bonne... mille fois bonne et sincère amie — s'écria madame de Richeville en serrant mes mains dans les siennes... — Ah ! vous méritez bien tout le bonheur dont vous jouissez enfin... Ah ! à propos de bonheur... et encore non.. car le malheur des méchants ne peut pas être un bonheur pour vous... Savez-vous ce qui arrive à mademoiselle de Maran ?

— Non ? qu'est-ce donc ?

— Depuis quelques jours, elle est atteinte d'une attaque de paralysie ; elle était déjà inconsolable de la disparition de votre infernale cousine, et ce dernier coup doit lui être bien cruel. Du reste, elle est si universellement détestée que personne au monde ne va la voir; on s'affranchit même à son égard de la plus simple politesse, ou encore à peine s'informe-t-on de ses nouvelles, et reste-t-elle abandonnée aux soins de ses gens.

— Et je la plains, car son principal et plus ancien serviteur a été l'épouvante de mon enfance — lui dis-je. — Je vois encore cette physionomie sinistre, rendue plus repoussante encore par une horrible tache de vin.

— Quant à votre cousine, on croit qu'elle a quitté Paris; toutes les recherches de votre mari pour la retrouver ont été vaines, et on dit qu'il s'est mis à jouer avec fureur pour se distraire de l'abandon d'Ursule.

Je fus sur le point de raconter à madame de Richeville l'aventure du bal masqué et de lui dire les raisons que j'avais de penser que M. de Rochegune y avait rencontré Ursule; mais à cette aventure se rattachaient mes irrésolutions présentes : ne voulant y faire aucune allusion et ne prendre conseil que de moi-même, je me tus.

— Et M. de Lancry? — demandai-je à madame de Richeville.

— Il avait d'abord soupçonné Ursule d'être allée rejoindre son mari ; il s'est aussitôt rendu mystérieusement à Rouvray, et a acquis la certitude que cette odieuse femme n'y était pas retournée auprès de M. Sécherin. Tout le monde s'accorde à dire qu'elle est allée secrètement retrouver en Italie lord C..., qui s'en est beaucoup occupé cet hiver. Cela me paraît probable, car lord C... est puissamment riche.

J'aurais voulu, comme madame de Richeville, croire à l'absence d'Ursule ; mais malgré moi un triste pressentiment me disait que ma cousine n'était pas loin. Je ne redoutais pas sa rivalité auprès de M. de Rochegune ; je redoutais sa rage lorsqu'elle s'en verrait dédaignée, ce qui devait nécessairement arriver si elle avait l'audace de se faire connaître à lui.

— Je désire que vous soyez bien informée et qu'en effet Ursule ait quitté Paris — dis-je à la duchesse. — Mais voulez-vous que nous allions voir Emma? j'attendrai chez vous qu'elle soit éveillée ; aujourd'hui je vous remplacerai auprès d'elle, cette nuit surtout, si elle est encore souffrante...

— Non... non... ma chère Mathilde, vous êtes vous-même indisposée.

— Je me sens mieux déjà ; si vous voulez me guérir tout à fait, laissez-moi partager avec vous les soins que vous donnez à cette chère enfant ; et puis vous savez que je ne manque pas de perspicacité ; j'observerai, j'étudierai, j'interrogerai Emma bien attentivement : cela pourra nous servir et nous guider dans le cas où nous croirions toujours une révélation opportune.

— Je savais bien que vous trouveriez les meilleures raisons du monde pour me forcer d'accepter cette nouvelle preuve de dévouement... Eh bien donc ! je l'accepte comme vous l'offrez... avec bonheur.

— Mon amie, par grâce, ne parlons plus de dévouement... vous me rendez confuse... que ne vous dois-je pas, moi !... comment m'acquitterai-je jamais ?...

— Mathilde !

— Quand je songe qu'avant mon mariage, sans me connaître, vous veniez me rendre un service de mère, et que je vous ai accueillie avec sécheresse... avec dureté... que j'ai osé insulter à ce qu'il y avait d'admirable dans votre démarche...Oh! tenez, mon amie, de ma vie je ne me pardonnerai de vous avoir alors méconnue. Ce sera pour moi un remords éternel.

— Et pour moi aussi, pauvre chère enfant, car si vous m'aviez écoutée... vous seriez aujourd'hui madame de Rochegune... Je sais que le sort a fait que vous êtes bien près de la destinée que moi et ce pauvre M. de Mortagne nous avions rêvée pour vous ; mais, ma noble et courageuse Mathilde..., je sais aussi l'immense différence qui existe entre l'amour tel que vos devoirs, votre fermeté vous l'imposent, et la vie enchanteresse qui vous attendait auprès de M. de Rochegune. Maintenant que vous pouvez l'apprécier comme moi, mieux que moi — ajouta-t-elle en souriant — avouez qu'il est surtout l'homme de l'intimité : n'est-ce pas que c'est là seulement qu'on peut connaître tout le charme de son caractère, de son esprit? car c'est seulement dans l'intimité qu'il consent à user des merveilleux avantages dont il est doué. Est-il alors une conversation plus attachante

que la sienne, un savoir à la fois plus universel, plus modeste et plus piquant dans son expression? Et que de talents variés! Et surtout quel caractère! en est-il un plus doux, plus égal, plus gai, de cette gaîté qui exprime la sérénité d'une belle âme? Enfin, en lui que de ressources ! Avant votre retour, j'ai quelquefois passé des heures entières avec lui et Emma; il nous laissait encore plus émerveillées à la fin de l'entretien qu'au commencement : on passerait des jours, des années près de lui, sans ressentir, je ne dirai pas un moment d'ennui, mais sans ressentir diminuer un moment l'intérêt qu'il inspire... Après cela, il faut tout dire, dans ces longues soirées il parlait sans cesse de vous et nous disait gaîment : « Je ne cause
« jamais mieux qu'avec vous, parce que vous
« aimez et admirez aussi madame de Lancry ;
« et comme elle est presque toujours au fond
« de ma pensée, vous me comprenez à demi-
« mot, nous parlons pour ainsi dire la même
« langue. »

— Je le reconnais bien là — lui dis-je en rougissant — et vous aussi mon amie, qui, comme lui, parlez toujours le noble langage de la bienveillance et du dévouement... Mais allons-nous voir Emma ? — ajoutai-je, car je pouvais à peine contenir mon émotion.

— Venez, j'espère qu'elle sera éveillée— me dit madame de Richeville.

Je la suivis, encore toute troublée de l'étrange à propos avec lequel elle venait de me peindre si ravissamment le bonheur qu'on devait goûter dans l'intimité de M. de Rochegune.

Une des femmes de madame de Richeville lui apprit qu'Emma dormait encore. Cet état pouvant être salutaire pour elle, nous ne voulûmes pas le troubler.

J'étais depuis quelque temps chez madame de Richeville, lorsqu'un valet de pied, que j'avais nouvellement, vint me prévenir qu'un homme, qui avait à me parler d'une affaire très-importante, m'attendait chez moi, sachant que j'étais chez madame la duchesse de Richeville.

—C'est sans doute un de vos gens d'affaires —me dit celle-ci — Allez, ma chère Mathilde, je vous ferai prévenir lorsqu'Emma sera éveillée.

Je revins chez moi.

Qu'on juge de mon saisissement, de ma frayeur.

Dans mon salon, assis et lisant auprès de la cheminée, je vis M. de Lancry... mon mari...

CHAPITRE XV.

L'ENTREVUE.

Frappée de stupeur, je restai immobile à la porte du salon, une main posée sur un meuble pour me soutenir ; mon autre main semblait vouloir comprimer les battements de mon cœur.

M. de Lancry se leva, posa tranquillement son livre sur une table, et se plaça devant la cheminée en m'invitant d'un geste à venir auprès de lui...

L'expression de sa physionomie était dure, sardonique, et trahissait je ne sais quelle secrète satisfaction.

L'ENTREVUE.

Je n'osais pas avancer ; je croyais rêver : M. de Lancry vint à moi.

— Quel accueil après une si longue séparation ! — me dit-il en voulant me prendre la main.

Je me reculai brusquement ; il sourit d'un air ironique.

— Ah çà ! mais... c'est donc tout à fait de l'aversion... ma chère !

Ces mots excitèrent à la fois mon indignation et mon courage ; je m'avançai d'un pas ferme au milieu du salon :

— Que désirez-vous, Monsieur ?

— Oh ! je désire beaucoup de choses ; mais comme cela serait fort long à vous expliquer... veuillez d'abord vous asseoir....

— Monsieur...

— A votre aise... restez debout...

Et il s'assit.

Après quelques moments de silence réfléchi, il releva la tête et me dit :

— Avouez, ma chère amie, que je suis un mari commode et peu gênant.

— Vous n'êtes pas venu ici pour railler misérablement, Monsieur... Vous avez sans doute un grave motif pour m'imposer une entrevue si pénible... Veuillez l'abréger.

— Attendriez-vous M. de Rochegune, par hasard ?

La rougeur me monta au front ; je ne répondis pas.

— Je serais d'ailleurs — reprit-il — enchanté de le revoir, et lui aussi serait charmé de cette rencontre. Voilà ce qu'il y a d'agréable dans les positions franches ! voilà l'avantage des relations vertueuses et platoniques ; personne n'est embarrassé, ni la femme, ni l'amant, ni le mari. — Puis, jetant un regard autour de lui, il ajouta : — Mais savez-vous que vous êtes parfaitement établie ici ? c'est tout à fait solitaire et mystérieux.

— Encore une fois, Monsieur, puis-je savoir ce que vous désirez de moi ?

Sans me répondre, M. de Lancry m'examina attentivement et dit :

— Vous êtes fort en beauté, votre condition de femme abandonnée vous sied à merveille ; il me paraît que vous avez pris votre parti. Pas le moindre attendrissement, pas la moindre émotion, pas même l'expression de la haine, pas un reproche... Un impatient mépris, voilà tout ce que ma présence vous inspire après plus de trois ans de séparation.

— S'il en est ainsi, Monsieur, vous sentez que j'ai hâte de finir cet entretien, dont je ne comprends ni le but ni le motif.

— Je conçois parfaitement cet empressement, quoiqu'il soit aussi peu flatteur que peu... moral et... conjugal ; car enfin, ma chère amie... vous êtes ma femme... n'oubliez donc pas cette circonstance, tout insignifiante qu'elle vous semble peut-être.

— Grâce au ciel, Monsieur, je l'ai oublié ; il faut votre présence pour me le rappeler.

— Et il suffira de mon absence pour effacer de nouveau cet importun souvenir, n'est-ce pas ?... Fort bien, je comprends votre silence. C'est une réponse comme une autre ; mais heureusement, Madame, je n'ai pas les mêmes facultés *oblitatives :* excusez ce barbarisme. Moi, je me souviens parfaitement que je suis votre mari, surtout en vous voyant si charmante ; aussi je viens vous demander pardon de vous avoir négligée si long-temps....

— Il est inutile, Monsieur, de me demander pardon d'un abandon que je ne ressens pas, que je n'ai pas ressenti...

— Sans doute; aussi mon excuse est-elle seulement un acquit de conscience, un moyen d'amener la grâce que je viens solliciter de vous...

— Je vous écoute, Monsieur... Mais jusqu'ici vous parlez en énigmes.

— Vraiment — dit-il en me jetant un regard d'une profonde méchanceté—vraiment, je parle en énigmes? Eh bien, voici le mot de celle-ci : Il m'est impossible de vivre plus longtemps sans vous... et je vous prie de mettre un terme à cette trop longue séparation.

Je haussai les épaules de pitié sans dire mot.

— Vous croyez peut-être que je plaisante?

— Je n'ai rien à vous répondre, Monsieur...

— Je vous dis, Madame, que je vous parle sérieusement.

— Je vous dis, Monsieur, que cet entretien a trop duré; il est incroyable que vous veniez chez moi me tenir de pareils discours...

— Chez vous?... comment, chez vous? —

reprit-il avec un éclat de rire sardonique. —
Ah çà! vous perdez donc la tête... Ce serait
déjà beaucoup si, comme chef de notre communauté de biens, à *titre universel,* notez bien
cela... à *titre universel...* je vous permettais
de dire *chez nous...* car vous êtes ici chez moi.

— Mais, Monsieur...

— Mais, Madame, avez-vous lu le Code civil?... non, n'est-ce pas? Eh bien, vous avez
eu tort : car vous sauriez quels sont mes
droits.

Je crus comprendre l'odieux but de cette
visite ; j'en rougis d'indignation.

— C'est de l'argent, sans doute, que vous
voulez, Monsieur? — lui dis-je avec un regard de mépris écrasant.

Il se leva vivement, les traits contractés par
la colère.

— Madame, prenez garde...

— Et vous venez sans doute mettre à prix
votre absence... Je regrette plus que jamais
que vous m'ayez ruinée, Monsieur... car il ne
me reste malheureusement pas assez d'argent
pour acheter de vous cette inestimable faveur...

— Ah! vous faites des épigrammes .. malheureuse que vous êtes! — s'écria-t-il l'œil enflammé de rage et de haine — mais vous ne savez donc pas que vous êtes dans ma dépendance? que je suis ici chez moi, que vous êtes ma femme, entendez-vous?... toujours ma femme! que je dispose de vous, que je puis faire de vous ce que bon me semble, que vous n'avez pas un mot à dire, que j'ai la loi pour moi, et que demain, qu'aujourd'hui je puis m'établir ici ou vous emmener chez moi!

— Je sais, Monsieur, que vous voulez m'effrayer en me menaçant ainsi, et certes la menace est bien choisie; il y aurait de quoi mourir d'effroi à cette pensée, que je pourrais être condamnée à vivre auprès de vous; mais vous ne songez pas, Monsieur, que le scandale de votre conduite a été tel que vous avez perdu tous vos droits sur moi!

— Vraiment, j'ai perdu mes droits sur vous?

— Quant à votre visite, Monsieur; comme elle ne peut avoir d'autre but que celui de me demander de l'argent, et que, malheureusement, vous m'avez à peine laissé de quoi vivre, je vous répète que vous n'avez rien à attendre de moi.

— Tenez — ajouta-t-il avec un sombre sang-froid plus effrayant que l'accès de colère auquel il s'était laissé emporter — si j'étais encore susceptible de quelque pitié, vous m'en inspireriez, pauvre folle!! Écoutez-moi bien; ce bavardage me fatigue. En parlant du scandale de ma conduite, vous faites allusion à mon amour pour Ursule et à ma liaison avec elle, n'est-ce pas? Eh bien, aux termes de la loi, je puis avoir dix maîtresses sans que vous ayez le plus petit mot à dire, pourvu que je ne les aie pas introduites dans le domicile conjugal : or je vous défie de prouver qu'Ursule ait mis le pied chez moi.

— Monsieur... il ne s'agit pas seulement d'Ursule!

— Bon! voulez-vous parlez de mes prodigalités, de mes dissipations? Je vous répéterai ce que je vous ai dit autrefois à propos de votre imagination d'hospice : qu'aux termes de la loi, à moi seul appartient l'emploi de *nos* biens. Que cet emploi soit bon ou mauvais, personne n'a le droit de le contrôler... je n'ai de compte à rendre à personne. Voilà, j'espère, ma position assez clairement établie et mes droits suffisamment prouvés.

— Très clairement, Monsieur, et...

— Finissons ; ma volonté est que vous reveniez désormais avec moi. Je vous donne quarante-huit heures pour faire vos préparatifs. C'est aujourd'hui vendredi ; dimanche matin je viendrai vous chercher... Je pourrais vous emmener ce soir ; à l'instant même, mais cela n'entre pas dans mes arrangements.. Seulement, comme vous pourriez prendre subitement la fantaisie de voyager d'ici à dimanche, quelqu'un de sûr ne bougera pas d'ici et vous suivra partout, afin que je sache où vous retrouver... Quant à votre platonique amant, vous pourrez lui dire de ma part que je le dispense de ses visites... à moins qu'il ne veuille m'en faire une à moi... personnellement... et alors... alors... le reste ne vous regarde pas.

— Vous parlez à merveille, Monsieur... je tâcherai de vous répondre aussi nettement. Soyez tranquille, je ne prendrai pas la peine de fuir, mais jamais je ne vous suivrai volontairement. Pour m'y contraindre, il vous faudra employer la force. Un magistrat seul peut ordonner l'emploi de la force ; or, dès que la justice interviendra entre vous et moi, la question sera immédiatement décidée.

— Ah! ah! ah! vous êtes sans doute un très habile et très subtil avocat, Madame ; mais je crains fort que vous ne perdiez votre première cause... Vous voulez dire sans doute que vous demanderez votre séparation? j'y ai pensé. Il n'y a qu'un inconvénient, c'est qu'il ne suffit pas à une femme de vouloir une séparation pour l'obtenir... Au pis-aller... nous plaiderons... soit... Vous me direz *Ursule*, je vous répondrai *Rochegune*. La voix publique m'accusera, elle vous accusera aussi... et l'on nous renverra plus mariés que jamais, vu l'égalité de nos positions.

— Monsieur, ne poussez pas l'injure jusqu'à cette comparaison.

— Ah çà ! mais elle est charmante... Comment, parce qu'un vieillard à peu près en enfance, sa bigote de femme, ou une vestale de la force de madame de Richeville, viendront attester de la pureté de vos relations avec Rochégome, vous vous imaginez que cela suffira? Eh bien! moi, je me donnerai aussi comme un héros du platonisme, et, au besoin, mademoiselle de Maran et ses amis viendront témoigner en masse de l'angélique pureté de mes relations avec Ursule ; sur ma parole, ce sera un procès très divertissant. Tout ceci est pour l'avenir, bien entendu... Quant au présent, en attendant l'issue du procès, un magistrat, autrement dit un commissaire de police, vous enjoindra provisoirement d'avoir à regagner immédiatement le domicile conjugal, chère petite brebis égarée.

— Je ne le crois pas, Monsieur.

— Ah bah!... et par quel philtre puissant, par quel charme magique attendrirez-vous M. le commissaire?

— Par un moyen très simple, Monsieur, en mettant sous les yeux de ce magistrat les preuves positives de votre liaison criminelle avec madame Sécherin, et du coupable emploi que vous avez fait de ma fortune.

— Des preuves? Une attestation du prince d'Héricourt, sans doute, ou un certificat de cette belle duchesse repentie?

— Mieux que cela, Monsieur.

— Alors ce sera quelque doléance de ce pauvre M. Sécherin ou de Madame sa mère, la *femme de ménage de la Providence,* comme disait mademoiselle de Maran ?

— Prenez garde, Monsieur — m'écriai-je — prenez garde; il peut y avoir en effet quelque chose de providentiel dans la triste destinée de cette famille...

Je ne pouvais m'empêcher de songer à ces menaces de mort que M. Sécherin avait prononcées contre M. de Lancry.

— En effet, il doit y avoir quelque chose de providentiel, car ce pauvre M. Sécherin me semble singulièrement *prédestiné...* — me dit mon mari en souriant de cette grossière plaisanterie.

— Monsieur, je ne sais ce qui l'emporte de l'indignation ou du dégoût; d'un mot je veux terminer cette scène : les preuves au nom desquelles je demanderai de me retirer provisoirement au couvent du *Sacré-Cœur,* en attendant qu'on prononce notre séparation...

— Les preuves, Madame... voyons?

— Ces preuves, Monsieur, sont les lettres

écrites de votre propre main à un de vos amis de Bretagne sur votre liaison avec Ursule.

Ce fut au tour de M. de Lancry à me regarder avec stupeur ; la colère, la honte, la rage, la haine bouleversèrent ses traits. Il me prit les bras et s'écria d'une voix terrible :

— Malheur à vous... si vous avez lu ces lettres... malheur à vous...

Je sentis mon courage se monter à la hauteur de la circonstance ; je répondis en me dégageant de la brutale étreinte de M. de Lancry.

— J'ai lu ces lettres, Monsieur !

— Vous les avez lues... et où sont-elles ? où sont-elles ?

— En ma possession.

— Oh !... — s'écria-t-il en jetant un regard autour de lui comme pour dévouvrir où elles pouvaient être... — Oh ! ce serait une infâme trahison ! et il la payerait de sa vie.

Puis portant ses deux mains crispées à son front avec une expression de fureur effrayante et frappant violemment du pied, il s'écria :

— Tenez... ne me répétez pas que vous les

avez lues, ces lettres, ou je ne réponds plus de moi...

— Je sonnai précipitamment ; mon valet de chambre entra.

— Restez dans le petit salon — lui dis-je d'une voix ferme— j'aurai tout à l'heure quelques ordres à vous donner.

Ces mots rappelèrent M. de Lancry à lui-même... Il fit quelques pas avec agitation et revint vers moi...

— Mais comment avez-vous ces lettres en votre possession ?... Par l'enfer, il faut que je le sache à l'instant même.

— Peu vous importe, Monsieur, de savoir de qui je les tiens... Ce qui est certain, c'est qu'elles sont entre mes mains ; si vous m'y forcez, j'en ferai usage.

— Et vous les avez déjà montrées, sans doute — s'écria-t-il avec une honte désespérée — vous les avez colportées dans votre société pour montrer jusqu'à quel point Ursule me bafouait et me rendait malheureux, n'est-ce pas ? Oh ! comme vous avez dû triompher, vous et vos imbéciles amis ! vous et eux avez bien ri de ces plaies saignantes de mon âme, n'est-ce pas? C'a été un amour bien ridicule, bien niais que le mien, n'est-ce pas? Me ruiner pour une femme qui se moquait de moi...

— Voyons — ajouta-t-il avec un éclat de rire convulsif — combien vous et Rochegune en avez-vous fait de copies? combien y en a-t-il en circulation à cette heure?

Cet ignoble soupçon me révolta.

— J'ai le malheur et la honte de porter votre nom, Monsieur; cette punition est assez humiliante pour que je ne l'augmente pas encore.

— Cela n'est pas répondre : les lettres, qui vous les a remises? depuis quand les avez-vous?

— Après tout, je ne vois, Monsieur, aucun inconvénient à vous apprendre comment je les possède. Les deux premières ont été apportées chez moi dans un carton qui renfermait un bouquet de fleurs pareilles à celles que M. Lugarto m'avait autrefois offertes par votre entremise; j'ai donc tout lieu de croire que c'est lui qui m'a fait parvenir ces lettres. Comment se les est-il procurées, je l'ignore.....

Quant à la dernière, elle m'est arrivée par la poste.

— Plus de doute, Lugarto est secrètement ici — s'écria-t-il — on ne m'avait pas trompé.. on l'avait vu... Pourtant c'est un de mes gens en qui j'avais toute confiance qui a mis ces lettres à la poste... et bien plus, la personne à qui je les écrivais m'a répondu comme si elle les avait reçues.

— Ce ne serait pas la première fois que M. Lugarto aurait contrefait votre écriture et corrompu vos gens.

— Oui... oui... c'est cela, par l'enfer; mais pourquoi se cache-t-il?... Oh! si je le découvre... Quant à son but... s'il a été d'augmenter jusqu'à la haine la plus impitoyable l'aversion que j'avais déjà pour vous, il a réussi, entendez-vous... réussi au-delà de ses vœux... Mort et enfer! et dire que vous... vous... vous avez ainsi lu dans mon cœur mes plus honteuses, mes plus secrètes pensées : et vous me l'avouez encore! Mais vous ne réfléchissez donc pas que mon exécration augmente en raison de l'avantage que vous donnent ces lettres sur moi?

Ces lettres... vous dis-je, ces lettres, il me les faut à l'instant!

— Vous oubliez, Monsieur, que vos menaces me les rendent plus précieuses encore...

— Tenez, Mathilde, ne me poussez pas à bout! puisque vous les avez lues, vous avez dû y voir que mon âme était noyée de fiel. Eh bien! cela était presque de la mansuétude auprès de ce que j'éprouve à cette heure. Encore une fois, ne me poussez pas à bout...

— Vivons comme par le passé, Monsieur, séparés l'un de l'autre, et ces lettres resteront ignorées.

— Je vous dis qu'il faut que vous veniez habiter avec moi; que maintenant il le faut plus que jamais... m'entendez-vous?

— J'emploierai tous les moyens possibles pour échapper à l'épouvantable sort dont vous me menacez...

— Mais je vous dis que vous êtes folle, que malgré ces lettres vous serez d'abord obligée de me suivre et d'attendre chez moi l'issue de ce procès.

— Nous verrons, Monsieur; si, en présence d'une telle présomption contre vous, on ne me permet pas de me retirer dans un asile neutre... dans un couvent... eh bien ! Monsieur, je subirai mon sort.

— C'est votre dernier mot?...

— C'est mon dernier mot... Cependant, dans votre intérêt et aussi dans le mien, car j'ai horreur, je vous l'avoue, de remuer toute la fange de votre passé !... écoutez-moi bien : je vous le répète, l'insistance que vous mettez à vous rapprocher de moi ne peut être qu'une menace, qu'un moyen de me faire consentir à quelque proposition intéressée ; peut-être voulez-vous que je renonce à la pension que vous m'avez reconnue, et que vous avez déjà réduite... Si cela est... pour vous épargner la honte du rôle odieux que vous jouez, je consens...

Il m'interrompit avec une nouvelle violence.

— Je serais réduit à la dernière misère et vous me couvririez d'or... entendez-vous... que je ne renoncerais pas à exercer le droit que j'ai sur vous ; et sans la circonstance impérieuse qui m'en empêche... ce ne serait pas après-demain, entendez-vous?... ce serait à l'heure même que je vous emmènerais.

— Mais c'est une démence féroce!... — m'écriai-je—il est impossible que nous soyons jamais rapprochés... Vous venez de me le dire encore... vous me haïssez au moins autant que je vous méprise... que voulez-vous donc de moi?... Il y a là quelque horrible mystère... mais, Dieu merci, je ne suis plus seule, j'ai des amis maintenant; ils sauront me défendre...

Trois heures sonnèrent.

— Trois heures, déjà trois heures — dit-il avec impatience. — Puis il ajouta : — Il faut que je parte; une dernière fois, vous refusez de venir après-demain habiter avec moi?

— Je le refuse.

— Prenez garde!

— Je refuse, je ne céderai qu'à la force.

— Vous voulez de l'éclat... du scandale?

— Je ne sais pas, Monsieur, ce que vous voulez faire de moi... et maintenant — ajoutai-je avec terreur — je vous crois capable de tout...

— Eh bien!... oui... oui — s'écria-t-il avec égarement—je serai capable de tout pour vous forcer à me suivre... parce qu'il y va de plus que ma vie... — Puis comme s'il craignait d'avoir trop dit, il ajouta en souriant avec amer-

tume: — Parce qu'il y va de mon bonheur...
de mon bonheur intérieur... ma douce Mathilde; car de bien beaux jours nous attendent; ainsi donc, à dimanche midi.

Il sortit violemment. . . . . ,
. . . .

Après son départ, la force factice et fébrile qui m'avait soutenue me manqua tout-à-fait; je restai quelque temps inerte, incapable de réunir mes idées.

Cette scène foudroyante les avait brisées; il me fallut quelques moments de calme et de réflexion pour les rassembler et envisager froidement les conséquences des menaces de M. de Lancry, et jusqu'à quel point il pourrait les exécuter...

Quant aux raisons qu'il pouvait avoir de se rapprocher de moi, je ne pouvais les pénétrer; mais elles devaient être sinistres... Cela d'ailleurs m'inquiétait peu, résolue que j'étais de ne jamais retourner auprès de lui.

Restait la question de savoir s'il pourrait m'y forcer.

Souvent mes gens d'affaires m'avaient instamment engagée à demander ma séparation,

ne doutant pas que je ne l'obtinsse facilement;
j'y avais toujours répugné par horreur du
scandale : mais jamais il n'était venu à leur
pensée ni à la mienne de supposer que M. de
Lancry aurait un jour l'audace de me sommer
de revenir habiter avec lui.

Il me semblait impossible qu'à la vue des
lettres que j'avais en ma possession on me for-
çât de rester même temporairement avec M. de
Lancry. D'un autre côté, la loi était souvent
si singulièrement injuste envers nous autres
femmes, que je n'étais pas complètement rassurée.

J'écrivis donc sur-le-champ à un juriscon-
sulte très distingué qui s'était occupé des inté-
rêts de madame de Richeville, en le priant de
venir le plus tôt possible causer avec moi.

Après de mûres et profondes réflexions l'issue de cette scène terrible fut pour moi presque heureuse. Elle fixa mes incertitudes au
sujet de M. de Rochegune.

M. de Lancry venait de se montrer à moi
sous un aspect si repoussant, ses prétentions
étaient à la fois si odieuses et si effrayantes,
que je fus indignée d'avoir pu mettre un mo-

ment en parallèle ma conduite et la sienne.

Il y avait désormais entre lui et moi une si grande distance que je finis par avoir pitié de mes scrupules.

La marche que j'avais à suivre et que je résolus de suivre était bien simple ; plaider en séparation de corps et de biens contre M. de Lancry; cette séparation obtenue, suivre les vœux de mon cœur et m'en aller dans quelque retraite ignorée, attendre M. de Rochegune et lui consacrer le reste de ma vie.

Une séparation légale, complète, était une sorte de divorce ; je me considérais comme absolument libre.

Sans doute il eût été plus héroïque de continuer le rôle d'abnégation sublime auquel je m'étais condamnée ; mais en définitive, je me trouvais stupide de pousser à ce point l'exagération de mes devoirs.

Jamais je n'aurais de moi-même provoqué une séparation; et ainsi peut-être j'aurais éternisé mes scrupules; mais M. de Lancry me mettait dans cette extrémité : bien qu'elle me fût pénible sous certains rapports, je l'accueillis cependant avec joie; car je lui devrais, après tout, le bonheur du reste de ma vie, je lui devrais ce radieux avenir que j'avais été sur le point de sacrifier.

Jamais je ne me sentis l'esprit plus ferme, plus net, plus calme, plus décidé qu'après cette violente secousse ; jamais je n'avais pris une détermination plus prompte.

Je ne m'aveuglai sur rien, je ne reculai devant aucune prévision si désolante qu'elle fût.

Je me supposai forcée d'habiter avec M. de Lancry jusqu'au moment de mon procès ; j'étais sûre de supporter fermement cette épreuve, soutenue par la certitude du bonheur qui m'attendait ensuite.

J'allai plus loin : je supposai mon procès perdu, et M. de Lancry maître de mon sort.

Mais alors cette injustice était si flagrante, le jugement de la société, résumé par ce verdict, était d'une partialité si révoltante, que je ne me croyais plus tenue à aucun respect, à aucun devoir envers cette société si monstrueusement partiale... je confiais mon avenir et ma vie à la tendresse de M. de Rochegune.

Cela sans remords, cela sans crainte, cela à

la face et sous l'invocation de Dieu, appelant du jugement des hommes à son tribunal suprême, dernier refuge, dernier espoir des opprimés.

Quoique je fusse bien certaine de ma résolution; autant pour m'engager irrévocablement envers M. de Rochegune que pour avoir son conseil et son appui dans des circonstances si graves, je lui écrivis ces mots à la hâte :

— *Revenez... revenez vite... mon tendre ami... cette fois ce sera pour toujours et à tout jamais à vous... ma vie vous appartient.*

Je demandai Blondeau et lui dis :

— Tu vas aller à l'hôtel de Rochegune, tu remettras cette lettre à l'intendant, en lui disant, de ma part, de l'envoyer à l'instant à son maître par un courrier.

A peine Blondeau était-elle sortie, qu'une des femmes de madame de Richeville entra chez moi toute en larmes, toute éperdue :

— Au nom du ciel, Madame ! — s'écria-t-elle, — venez... mademoiselle Emma se meurt; madame de Richeville est dans le délire.

CHAPITRE XVI.

UNE CONSULTATION.

Quel douloureux spectacle, mon Dieu, s'offrit à ma vue!

Les moindres détails de cette scène sont à jamais gravés dans ma mémoire. La tenture de la chambre d'Emma était de mousseline blanche, ainsi que ses rideaux et les draperies de son lit; les volets à demi-fermés ne laissaient parvenir qu'un faible jour dans cet appartement. C'est à peine si l'on distinguait, au milieu de la blancheur des voiles qui l'entouraient, le pâle et angélique visage d'Emma, encadré de ses bandeaux de cheveux blonds un peu humides; ses grands yeux presque sans regard étaient à demi-fermés sous leurs longues paupières qui jetaient une ombre transparente sur ses joues déjà creusées par la maladie : quelquefois ses lèvres s'agitaient faiblement ; elle tenait ses deux petites mains croisées sur son sein virginal dans une attitude pleine de grâce et de modestie.

Je n'avais pas vu Emma depuis deux jours ; je fus épouvantée du changement de ses traits.

Madame de Richeville, agenouillée à son chevet, la serrait dans une étreinte convulsive et couvrait de larmes et de baisers ses yeux, ses joues, son front, ses cheveux.

Une de ses femmes, étouffant ses sanglots, était à demi-penchée sur le lit, tenant une tasse à la main.

— Grand Dieu ! qu'y a-t-il ? — m'écriai-je en courant à madame de Richeville et m'agenouillant près d'elle.

Elle ne répondit rien et redoubla ses caresses.

Je saisis la main d'Emma, elle était sèche et brûlante ; sa respiration haute semblait pénible, oppressée, et causait surtout les alarmes de madame de Richeville.

— A-t-on envoyé chercher le médecin? — dis-je tout bas à la femme de chambre.

— Hélas! non, Madame; la crise de Mademoiselle a été si brusque que tout le monde a perdu la tête.

— Donnez-moi cette tasse, et allez tout de suite faire demander M. Gérard, — lui dis-je.

Cette fille sortit précipitamment.

— Emma... Emma, mon enfant! Tu ne m'entends donc pas... Mon Dieu! tu ne me vois donc pas? — s'écria madame de Richeville à travers ses sanglots, — je t'en supplie... bois un peu...

Et se retournant pour prendre la tasse, elle m'aperçut :

— Ah! je vous le disais bien! — murmura-t-elle en me montrant sa fille d'un regard désespéré... — Perdue... perdue... Je ne lui survivrai pas!...

— Silence... par pitié pour elle et pour vous, silence!

— Elle ne vous reconnaît plus, elle ne veut rien prendre de ma main... Cette potion la sauverait peut-être...

Et elle approcha une cuiller des lèvres de

la jeune fille, qui détourna doucement la tête...

— Je vous le disais... elle sait tout... elle me méprise... elle me hait... O mon Dieu! elle va mourir en maudissant sa mère...

Et perdant complètement la raison, madame de Richeville se tordit les bras de désespoir; ses sanglots devinrent convulsifs, puis ils cessèrent tout à coup, ses larmes s'arrêtèrent, elle s'affaissa sur elle-même et fut bientôt en proie à une horrible attaque de nerfs.

Je sonnai ses femmes, elles la transportèrent chez elle, et je restai auprès d'Emma.

Le docteur Gérard arriva presque aussitôt.

Il se fit rendre un compte exact de la nuit, qui avait été très agitée. Le matin, Emma s'était un peu assoupie; en se réveillant, elle avait longtemps regardé madame de Richeville, puis elle avait dit quelques mots inintelligibles pendant le délire de son accès de fièvre. Cette crise passée, elle était retombée dans l'état de torpeur, d'insensibilité où nous la voyions.

M. Gérard s'approcha du lit, considéra quelque temps Emma, et écouta sa respiration avec attention.

J'observai les traits du médecin avec anxiété : ils étaient soucieux et sombres. Après s'être un moment recueilli, il me dit :

— Madame, je désirerais rester un moment seul avec vous; puisque madame la duchesse de Richeville n'est malheureusement pas en état de m'entendre...

Je fis un signe, les deux femmes sortirent.

— Mon Dieu! Monsieur, — m'écriai-je, — qu'y a-t-il donc?...

— Le danger est grand... très grand...

— Au nom du ciel, Monsieur... tout espoir est-il donc perdu?

— Je le crains, Madame... La science est malheureusement impuissante à combattre des causes purement morales qui produisent des réactions physiques toujours renaissantes. En vain on lutte contre les effets du mal... lorsque le foyer du mal nous échappe. Aussi... en présence de l'état si grave de mademoiselle Emma... je dois... il faut...

Voyant l'hésitation de M. Gérard : — Monsieur, — lui dis-je, — je suis la meilleure amie de madame de Richeville, j'aime Emma comme une sœur. Je puis répondre à toutes vos questions...

— Aussi vous ai-je priée, Madame, de renvoyer les femmes de madame la duchesse. Ce que je dois vous dire est tout confidentiel.

Après une nouvelle pause, il continua :

— J'ai donné mes soins à mademoiselle Emma, soit au Sacré-Cœur, soit ici. Son caractère m'a toujours semblé d'une exaltation concentrée, son imagination très vive, son esprit très impressionnable, sa candeur profonde... Je ne sais si je me suis trompé.

— Nullement, Monsieur;... seulement, avec madame de Richeville et avec moi, Emma est toujours d'une franchise, d'une expansion pour ainsi dire involontaire, tant elle est chez elle impérieuse...

M. Gérard réfléchit quelques instants et reprit :

— C'est aussi ce que m'a souvent dit madame de Richeville; et cette assurance, de la part d'une personne qui connaît si bien mademoiselle Emma, avait suffi pour écarter jusqu'ici certains soupçons qui m'étaient venus, et que je regrette amèrement de ne vous avoir pas plus tôt confiés.

— Comment cela, Monsieur?

— J'aurai bientôt l'honneur de vous dire pourquoi... Madame, selon moi, la cause de la maladie de mademoiselle Emma est toute morale : ses rêveries plus fréquentes, son état de langueur datent depuis assez longtemps; mais ces symptômes ont un caractère plus sérieux depuis quelques semaines, subitement grave depuis quelques jours, et sérieusement alarmant depuis hier... Maintenant, ce qui me reste à vous dire, Madame, est très délicat; mais il y va presque de la vie de cette enfant.

— Monsieur, de grâce !

— Eh bien!... Madame... vous qui voyez chaque jour mademoiselle Emma, vous qui vivez dans son intimité, n'avez-vous aucune raison de lui soupçonner... un penchant... une inclination contrariée?

— A Emma?... non, Monsieur... aucune... Mais qui peut vous le faire croire?

— Je vous le répète, Madame, les symptômes de sa maladie ont tout le caractère de ces affections de langueur causées par de secrets chagrins du cœur. Souvent j'ai été sur le point de vous exprimer mes doutes; mais madame la duchesse et vous, Madame, en me parlant sans cesse de l'extraordinaire franchise de cette jeune personne, vous avez éloigné cette idée...

Après avoir de nouveau réfléchi, ne trouvant véritablement rien qui pût justifier les soupçons de M. Gérard, je lui répondis :

— Non, Monsieur, je ne puis supposer à Emma aucun amour contrarié ; et je m'étonnerais même que cette pensée vous fût venue, si, comme moi, vous saviez qu'Emma est d'une candeur, d'une ignorance pour ainsi dire enfantines. D'ailleurs il lui eût été impossible de cacher un tel secret, soit à madame de Richeville, soit à moi.

— Cette candeur, cette ignorance enfantines, Madame, loin de détruire mes convictions, les augmenteraient encore.

— Comment donc cela, Monsieur?

— Peut-être ignore-t-elle elle-même le penchant qu'elle ressent. En vous rappelant ses confidences, ses révélations, Madame, ne vous souvenez-vous pas de quelques circonstances en apparence insignifiantes, qui, expliquées, interprétées de la sorte, pourraient nous éclairer?

— Non, plus j'y songe, Monsieur — lui dis-je après un nouveau moment de réflexion — plus j'y songe, moins cette supposition me paraît acceptable... Pourtant, sans m'expliquer entièrement sur un secret qui ne m'appartient pas, et en vous demandant grâce pour ma réserve, je dois vous dire que madame de Richeville et moi nous avons craint qu'Emma n'eût fait une découverte d'une très grande importance pour elle... Une découverte relative à sa famille... et que cette pauvre enfant n'en eût été, n'en fût vivement affectée.

M. Gérard semblait de plus en plus embarrassé, ce que je venais de lui dire ne parut lui faire aucune impression; il secoua la tête d'un air de doute, alla de nouveau près d'Emma, écouta sa respiration, qui semblait un peu apaisée, tâta son pouls, et me dit :

—Elle est mal, bien mal... une cause morale occasionne tous ces ravages, on ne pourrait donc compter que sur une guérison morale... Il est des exemples merveilleux de personnes rappelées à la vie par la seule présence de l'être qu'elles regrettaient ou qu'elles désiraient voir... Et... je ne vous le cache pas, madame, il faudrait un miracle de ce genre pour sauver mademoiselle Emma.

— Ah, monsieur ! vous m'épouvantez — m'écriai-je en voyant la funeste expression de la physionomie du médecin.

— Cela n'est que trop certain, — reprit-il — et je tiens d'autant plus, Madame, à vous convaincre de l'imminencé du danger qu'elle court... que cette considération seule peut surmonter ma répugnance à vous entretenir d'une communication bizarre, qui m'a été faite d'une manière fort désagréable.

— Que voulez-vous dire, Monsieur ?... de quelle communication voulez-vous parler ?

— Ce matin, un commissionnaire inconnu a apporté chez moi un petit coffre renfermant dix billets de mille francs et une lettre que je dois vous montrer quoi qu'il m'en coûte.

M. Gérard lut ce qui suit :

« *Ces dix mille francs sont à vous, si vous vous chargez d'apprendre à madame de Lan-*

cry que mademoiselle Emma de Lostange se meurt d'amour pour M. le marquis de Rochegune... »

...Il en est de certaines émotions morales comme de certains faits physiques : un coup violent vous frappe à la tête, vous renverse ; on ne ressent rien d'abord, qu'une profonde commotion... un vertige douloureux pendant lequel toute pensée s'éteint. Vous tombez en ayant seulement la vague conscience d'un grand péril...

Il en fut ainsi pour moi de cette foudroyante révélation.

Je reçus au cœur un coup affreux, mes idées se troublèrent dans un pénible étourdissement ; pendant une seconde je ne vis plus rien, je n'entendis plus rien.

L'appartement était si obscur que le médecin ne s'aperçut pas de l'altération de mes traits ; il continuait de parler :

— Je n'ai pas besoin de vous dire, Madame, que les dix mille francs ont été immédiatement envoyés aux hôpitaux ; mais enfin, à des yeux prévenus, ne pouvais-je pas sembler servir je ne sais quel intérêt mystérieux en révélant soit à madame de Richeville, soit à vous, Madame, un fait ou du moins une grave présomption que je partageais depuis quelque temps, et que les raisons que je vous ai dites, Madame, m'avaient fait taire jusqu'à présent!... Encore une fois, ma conviction était formée quant au sentiment que devait éprouver mademoiselle Emma ; mais non pas quant à l'objet de ce sentiment, car je n'ai l'honneur de connaître M. de Rochegune que de nom. Enfin, Madame, vous croirez à la parole d'un honnête homme : je n'aurais pas reçu ce matin cette étrange communication, que ce matin j'aurais fait part de mes craintes, ou plutôt de mes convictions, à madame la duchesse de Richeville, tant l'état de mademoiselle Emma est alarmant. Maintenant, Madame, croyez-vous que le penchant ignoré ou contrarié qu'éprouve mademoiselle Emma ait M. de Rochegune pour objet, le voyait-elle souvent ?

— Oui, Monsieur... il la voyait presque chaque jour...

— Et pensez-vous que M. de Rochegune partage cette affection, ou du moins qu'il en fût instruit ?

— Je ne le pense pas, Monsieur... non, je ne le pense pas.

Après un moment de silence je dis tout-à-coup au docteur d'une voix altérée et d'un ton solennel :

— Ainsi... cette enfant est en danger de mort... Monsieur, et c'est une passion concentrée qui la tue?

— Je le crois, Madame, sur mon honneur je le crois, et s'il reste une seule chance de salut à cette malheureuse jeune fille... elle est dans l'espérance qu'on pourrait éveiller en elle en lui disant que son amour est partagé par M. de Rochegune. Avant tout il faut la sauver...

— Maintenant, Monsieur, dans l'intérêt du salut d'Emma... il me reste à vous demander un service de la plus haute importance...

— Madame, parlez...

— Veuillez me remettre cette lettre, et me donner votre parole de ne jamais dire à personne... personne... que vous l'avez reçue.

M. Gérard se consulta un instant afin sans doute de ne pas agir légèrement, et reprit :

— Ma conscience n'a rien à me reprocher, les pauvres profitent des dix mille francs, la révélation que je vous ai faite est d'accord avec ma conscience, je ne vois aucun obstacle à vous donner ce billet et la parole que vous me demandez, Madame.

— Je vous remercie, Monsieur.

— Songez bien, Madame — me dit le docteur Gérard d'un ton grave, imposant, en retournant près du lit d'Emma — songez bien que vous vous chargez d'une grave responsabilité... les moments sont précieux ; je viens de voir madame la duchesse, elle est hors d'état de s'occuper en ce moment de sa jeune parente... Le sort de cette jeune fille repose entièrement sur vous... Si vous avez à lui donner quelque espoir, que ce soit le plus tôt possible... avec les plus grands ménagements. Son accès de fièvre a diminué — ajouta-t-il en lui tâtant le pouls — elle s'est un peu assoupie, peut-être le délire aura-t-il cessé... Si alors elle peut vous entendre, si le cerveau n'est pas encore tout à fait pris, il reste quelque chance de salut.

— Vous avez raison, Monsieur, lui dis-je avec amertume — c'est une grande... bien grande responsabilité que la mienne... terrible en effet...

Après avoir de nouveau considéré Emma, le docteur me dit :

— Il me semble voir une larme sous ses cils... c'est une preuve de détente, une faible amélioration... Dès qu'elle pourra vous entendre, parlez-lui de M. de Rochegune, avec réserve d'abord ; vous examinerez bien attentivement l'effet que ce nom produira sur elle... sur sa physionomie...

— Oui, Monsieur... oui... j'observerai.

— Puis, si vous voyez que ce nom éveille en effet en elle quelque émotion, si légère qu'elle soit, vous pourrez l'entretenir de l'espoir de le voir bientôt... est-il ici ?

— Non... non, Monsieur, il est absent depuis plusieurs jours.

— Et c'est justement depuis plusieurs jours que l'état de mademoiselle Emma s'est aggravé... Ce départ aura fait éclater cette dernière crise... Vous pourrez donc parler à mademoiselle Emma du prochain retour... de M. de Rochegune ; lui dire qu'il la reverra avec plaisir... peut-être même qu'il a deviné ses sentiments et qu'il les partage... l'important est de la sauver d'abord...

— Sans doute, Monsieur... il faut la sauver — dis-je presque machinalement.

— Ainsi, par exemple, si vos paroles ramenaient quelque résultat inespéré, vous pourriez peut-être, pour porter un coup décisif, lui faire entrevoir l'espérance de se marier avec M. de Rochegune... Encore une fois, elle est en danger de mort, il s'agit de la sauver... Si cette union est impossible, on le lui apprendra plus tard, peut-être avec moins de danger : on n'éprouve pas deux fois des crises pareilles.

— Vous croyez, Monsieur ?

— Sans aucun doute... Si par miracle elle revenait à la vie, on la laisserait dans cette confiance jusqu'à son rétablissement, nécessairement très prompt. Le bonheur est un si grand sauveur ! dans les maladies morales, il opère souvent des merveilles. Allons, Madame, je n'ose vous dire d'espérer... mais courage... Sans doute votre responsabilité est grande ; mais personne mieux que vous ne peut tenter cette épreuve, qui exige tant de délicatesse, tant de tact et tant de dévouement : vous êtes l'amie intime de madame de Richeville, presque la sœur de cette pauvre enfant ; la dernière chance qui la rattache à la vie ne peut être confiée à des mains plus sûres et plus dévouées... A ce soir donc, Madame, je reviendrai.

Après avoir ordonné quelques prescriptions, il sortit.

Une des femmes de madame de Richeville vint me prévenir que la duchesse était toujours dans un état nerveux et déplorable.

Je lui dis de retourner auprès de sa maîtresse, qu'Emma sommeillait.

Et je restai seule...

Seule avec cette malheureuse jeune fille, qui, dans son innocence, me portait le coup le plus cruel qui pût m'atteindre...

O mon Dieu, vous le savez, je tombai à genoux auprès de ce lit funèbre, je vous suppliai avec ferveur de chasser de moi les détestables pensées, les instincts homicides... oui, homicides... car quelquefois on tue par la parole ou par le silence comme on tue avec le fer.

Seigneur, Seigneur! vous à qui rien n'é-
chappe, vous avez alors pu découvrir dans
les plus secrets replis de mon cœur... de ces
ressentiments qui sont déjà presque des crimes...

FIN DU CINQUIÈME VOLUME.

À LA MÊME LIBRAIRIE

ouvrages récemment parus.

FERNANDE, par ALEXANDRE DUMAS.
3 vol. in-8. — 22 fr. 50.

FEU BRESSIER ET HISTOIRE INVRAISEMBLABLE, par ALPHONSE KARR.
3 vol. in-8. — 22 fr. 50.

Le Vétéran du camp de la Lune, par E. MARCO DE S{}^{T}-HILAIRE.
2 vol. in-8. — 15 fr.

GÉRALDINE, par M{}^{me} REYBAUD.
2 vol. in-8. — 15 fr.

LE COMTE DE MONTE-CHRISTO, par ALEXANDRE DUMAS.
4 vol. in-8.

Sceaux. — Impr. de E. Dépée.

www.ingramcontent.com/pod-product-compliance
Lightning Source LLC
Chambersburg PA
CBHW070447170426
43201CB00010B/1247